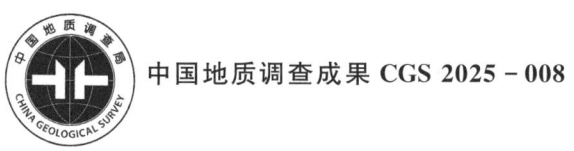

中国地质调查成果 CGS 2025-008

地质资料管理与创新应用

DIZHI ZILIAO GUANLI YU CHUANGXIN YINGYONG

常旭峰　罗　琳　张玉山　蔡丽梅　侯杰宇
孔丽红　李超男　黄晨承　寇旭光　刘嘉峰　编著

中国地质大学出版社
ZHONGGUO DIZHI DAXUE CHUBANSHE

图书在版编目(CIP)数据

地质资料管理与创新应用/常旭峰等编著. —武汉:中国地质大学出版社,2025.6.—ISBN 978-7-5625-6241-2

Ⅰ.G275.3

中国国家版本馆 CIP 数据核字第 2025AJ6482 号

| 地质资料管理与创新应用 | 常旭峰 罗 琳 张玉山 蔡丽梅 侯杰宇
孔丽红 李超男 黄晨承 寇旭光 刘嘉峰 | 编著 |

| 责任编辑:唐然坤 | 选题策划:唐然坤 | 责任校对:何澍语 |

出版发行:中国地质大学出版社(武汉市洪山区鲁磨路388号)	邮编:430074
电　　话:(027)67883511	传　　真:(027)67883580	E-mail:cbb@cug.edu.cn
经　　销:全国新华书店		https://cugp.cug.edu.cn
开本:787mm×1092mm　1/16	字数:199千字	印张:7.75
版次:2025年6月第1版	印次:2025年6月第1次印刷	
印刷:武汉市籍缘印刷厂		
ISBN 978-7-5625-6241-2		定价:78.00元

如有印装质量问题请与印刷厂联系调换

前言

PREFACE

地质资料作为地质工作的重要成果和依据,承载着丰富的地质信息和数据,对于推动地质科学的发展和促进矿产资源的可持续利用具有不可替代的作用。随着地质工作的不断深入和地质资料的不断积累,地质资料的管理与创新应用日益成为地质领域研究的重要课题。通过对地质资料管理与创新应用的全面探讨,我们深刻认识到地质资料管理在推动地质科学研究、资源开发、环境保护以及灾害预防等方面的重要作用。地质资料作为地质工作的基础,其管理水平的提升与创新应用的发展,对促进地质领域的整体进步具有深远意义。

本书系统地探讨了地质资料的管理与创新应用,从地质资料的采集、整理、存储、安全、分析、挖掘、共享、服务、检索、利用等多个环节进行了深入剖析,揭示了地质资料管理的内在规律和创新应用的发展趋势;强调了地质资料管理中的质量控制、存储环境控制、访问权限管理以及加密技术应用等关键环节,确保了地质资料的安全与有效利用。同时,本书聚焦地质资料管理中的技术创新,地质资料的数据分析与挖掘,探讨了大数据、云计算、人工智能、物联网等新兴技术在地质资料管理中的应用前景和挑战;在共享与服务方面,探讨了地质资料的共享机制、服务平台建设及服务模式创新,促进地质资料的广泛共享与高效利用。

全书由常旭峰、罗琳、张玉山统筹编著,其中前言、第一章、第五章由蔡丽梅编写;第二章、第七章由侯杰宇编写;第四章由孔丽红编写;第三章由李超男编写;第六章由黄晨承编写。寇旭光、刘嘉峰等参加了部分编纂工作。在编写过程中,本书力求做到理论与实践相结合,既注重地质资料管理理论体系的完善,又关注地质资料管理实践中的创新与应用。相信本书的出版将为地质资料管理人员、地质科研人员以及相关专业学生提供有益的参考和借鉴,为推动地质资料管理的现代化贡献一份力量。

展望未来,地质资料管理将继续面临新的挑战与机遇。我们需要不断创新管理理念,优化业务流程,强化技术应用,推动地质资料管理现代化进程。希望地质资料管理在未来能在更多领域发挥更大作用,为人类社会的可持续发展做出更大贡献。

借本书出版之际,向对本书编纂出版予以支持的领导及同仁表示感谢!向编纂本书时学习、参考、引用的书刊等文献资料的作者表示感谢!

由于本书研究内容较多,加之受时间、写作水平等因素所限,书中难免有不妥之处,恳请各位读者批评指正。

笔 者

2025 年 4 月

目 录

第一章 绪 论 (1)
第一节 地质资料的定义与分类 (1)
第二节 地质资料的重要性 (3)

第二章 地质资料的采集与整理 (5)
第一节 地质资料的采集方法与技术 (5)
一、地质填图法 (6)
二、钻探技术 (7)
三、物探技术 (8)
四、遥感技术 (10)
五、采样与实验室分析技术 (11)
六、其他技术与方法 (12)
第二节 地质资料的整理流程与标准 (13)
一、整理流程 (13)
二、整理标准 (17)
第三节 地质资料的质量控制与评估 (20)
一、地质资料质量控制 (20)
二、地质资料评估 (23)
三、质量控制与评估体系构建 (25)

第三章 地质资料的存储与安全 (27)
第一节 地质资料存储介质的选择与建设 (27)
一、地质资料存储需求分析 (27)
二、存储介质选择原则 (28)
三、存储系统建设 (28)
第二节 地质资料的存储与备份策略 (31)

一、地质资料存储策略 …………………………………………………………… (31)
　　二、地质资料备份策略 …………………………………………………………… (33)
　　三、技术更新与数据迁移 ………………………………………………………… (34)
第三节　地质资料的访问权限管理 …………………………………………………… (35)
　　一、访问权限管理目标 …………………………………………………………… (35)
　　二、访问权限管理原则 …………………………………………………………… (36)
　　三、访问权限管理框架 …………………………………………………………… (37)
　　四、访问权限控制机制 …………………………………………………………… (39)
　　五、特殊地质资料的访问权限管理 ……………………………………………… (41)
第四节　地质资料的加密技术应用 …………………………………………………… (41)
　　一、加密技术概述 ………………………………………………………………… (41)
　　二、地质资料加密需求分析 ……………………………………………………… (42)
　　三、地质资料加密技术应用方案 ………………………………………………… (43)

第四章　地质资料的数据分析与挖掘 …………………………………………… (45)

第一节　地质资料数据分析的方法与工具 …………………………………………… (45)
　　一、地质资料数据分析方法概述 ………………………………………………… (45)
　　二、主要数据分析方法 …………………………………………………………… (46)
　　三、数据分析工具介绍 …………………………………………………………… (48)
第二节　地质资料中的地质特征提取与分析 ………………………………………… (50)
　　一、地质特征提取方法 …………………………………………………………… (50)
　　二、地质特征分析方法 …………………………………………………………… (52)
第三节　地质资料的时空数据分析 …………………………………………………… (55)
　　一、时空数据基础 ………………………………………………………………… (55)
　　二、时空数据分析方法 …………………………………………………………… (56)
　　三、时空数据分析工具与技术 …………………………………………………… (59)
第四节　地质资料的关联分析与模式发现 …………………………………………… (60)
　　一、关联分析基础 ………………………………………………………………… (60)
　　二、关联分析方法 ………………………………………………………………… (62)
　　三、模式发现 ……………………………………………………………………… (64)
第五节　地质资料的数据挖掘算法应用 ……………………………………………… (66)
第六节　地质资料分析与挖掘的可视化展示 ………………………………………… (67)
　　一、可视化基础 …………………………………………………………………… (67)
　　二、地质资料可视化分析流程 …………………………………………………… (68)

三、可视化技术发展与挑战 …………………………………………………… (71)

第五章　地质资料的共享与服务 ………………………………………………… (73)

第一节　地质资料的共享机制与平台建设 ……………………………………… (73)
　　一、地质资料共享的意义与挑战 …………………………………………… (73)
　　二、地质资料共享机制设计 ………………………………………………… (74)
　　三、地质资料共享平台建设 ………………………………………………… (76)
　　四、平台运营与推广 ………………………………………………………… (79)

第二节　地质资料的服务模式与创新 …………………………………………… (82)
　　一、传统地质资料服务模式分析 …………………………………………… (82)
　　二、地质资料服务模式创新方向 …………………………………………… (83)

第三节　地质资料服务的评价与改进 …………………………………………… (85)
　　一、地质资料服务评价体系构建 …………………………………………… (85)
　　二、地质资料服务现状评价 ………………………………………………… (86)
　　三、地质资料服务改进策略 ………………………………………………… (89)

第六章　地质资料的检索与应用 ………………………………………………… (90)

第一节　地质资料的检索方法与技巧 …………………………………………… (90)

第二节　地质资料的应用途径与模式 …………………………………………… (91)
　　一、地质资料的传统应用途径 ……………………………………………… (91)
　　二、地质资料的现代应用途径 ……………………………………………… (92)
　　三、地质资料的应用模式 …………………………………………………… (94)

第七章　地质资料管理的技术创新 ……………………………………………… (97)

第一节　大数据技术在地质资料管理中的应用 ………………………………… (97)
　　一、大数据技术简介 ………………………………………………………… (97)
　　二、大数据技术在地质资料收集与整合中的应用 ………………………… (98)
　　三、大数据技术在地质资料存储与管理中的应用 ………………………… (100)
　　四、大数据技术在地质资料分析与挖掘中的应用 ………………………… (101)
　　五、大数据技术在地质资料共享与服务中的应用 ………………………… (102)

第二节　地质资料管理中的云计算技术应用 …………………………………… (103)
　　一、云计算技术简介 ………………………………………………………… (103)
　　二、云计算技术在地质资料存储中的应用 ………………………………… (104)
　　三、云计算技术在地质资料处理与分析中的应用 ………………………… (105)

四、人工智能技术在地质资料分析与挖掘中的应用 ……………………………（107）
　　五、人工智能技术在地质资料共享与服务中的应用 ……………………………（108）
　第三节　地质资料管理中的物联网技术应用 …………………………………………（109）
　　一、物联网技术的概述 ……………………………………………………………（109）
　　二、物联网技术在地质资料收集中的应用 ………………………………………（110）
　　三、物联网技术在地质资料存储与管理中的应用 ………………………………（111）
　　四、物联网技术在地质资料分析与挖掘中的应用 ………………………………（112）
　第四节　地质资料管理中的其他新兴技术应用 ………………………………………（113）

参考文献 ………………………………………………………………………………（114）

第一章　绪　论

第一节　地质资料的定义与分类

地质资料是地质工作不可或缺的组成部分,它们是地质勘探的直接成果,对科学化找矿、避免重复劳动具有重要意义。地质资料形式多样,包括文字、图表、音视频等,对其进行划分有助于更好地理解和利用这些宝贵的信息资源。地质资料的划分方法通常可分为以下3种:按资料类型划分、按专业领域划分、按管理级别划分(图1-1)。

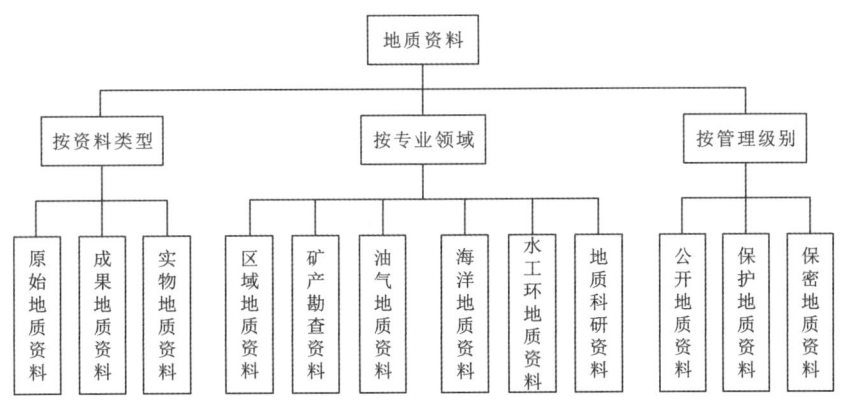

图1-1　地质资料类型划分图

1.按资料类型划分

通常情况下,地质资料按照其性质和产生方式可以分为原始地质资料、成果地质资料和实物地质资料3类,它们各自在地质勘探与研究中扮演着不同的角色。

原始地质资料指的是地质勘探期间直接获取的未加工数据,包括野外考察记录、样品采集记录、地球物理探测数据等。这类资料具有即时性与准确性,能真实反映地质现象与地质体的自然状态。因为原始地质资料未经处理与解译,所以保留了最原始的数据状态。这类资料为地质勘探奠定了基础,提供了后续分析与解译所需的重要信息。分析原始地质资料可以初步掌握地质构造、地层分布、岩石种类等信息,为后续勘探提供指导。

成果地质资料是地质工作的直接产物,为决策制定、资源开发与科学研究提供了重要依据。成果地质资料是在原始地质资料基础上,经过地质工作者整理、分析与解译研究后得出的地质成果。这些成果可能以地质报告的形式呈现,总结勘探区域的地质特征、矿产资源潜力等,也可能以地质图件的方式展示,如地质图、剖面图、矿产分布图等,直观地描绘地质结构与地质现象,还可能整合成数据库,便于数据的存档、检索与共享[1]。成果地质资料综合了原始地质资料的信息,更全面地反映了地质现象和规律。研究成果地质资料,可以明确矿产资源的分布、储量及其开采潜力,为矿产资源的开发利用提供科学依据。

实物地质资料包括岩矿心、各种标本等实物形式的地质资料,如岩石样本、矿物标本、化石标本等。实物地质资料是最直观的地质证据,能清晰地展示地质构造、岩石类型、矿物成分等信息。实物地质资料是地质历史的真实记录,对于研究地球的历史演变、古环境重建、矿物学研究等具有不可替代的价值。通过实物地质资料的实验室分析与研究,地质工作者可以判断获取地层年代、沉积环境、岩石成因、矿床形成等信息,从而为矿产资源勘探与开发提供重要参考。实物地质资料的收集与保存,不仅需要地质工作者耐心与细致的工作,还需要科学的管理和妥善的保护,以确保这些珍贵的地质实证能够得到长期保存。

在实际操作中,地质资料的获取与应用需要经历一系列步骤:首先,通过野外勘查与取样获得原始地质资料;接着,对原始地质资料进行分析与解译,形成成果地质资料;最后,基于成果地质资料与实物地质资料的研究,确定矿产资源的分布、储量及开采潜力。在这个过程中,地质资料的准确性和完整性对地质勘探的质量与效果至关重要。因此,地质工作者必须具备扎实的专业知识与技能,确保地质资料的正确获取与有效运用,以提高地质勘探的准确性和可靠性。

2. 按专业领域划分

地质资料的分类不仅体现在资料类型上,还体现在其专业领域上。根据应用领域的差异,地质资料可分为区域地质资料、矿产勘查资料、油气地质资料、海洋地质资料、水工环地质资料等多种类别,各类资料在其对应领域内发挥着重要作用。

区域地质资料提供了特定区域的地质全景,涵盖了该区域的地质特征、构造格局、岩石类型、地质历史等信息。通过分析区域地质资料,可以了解一个地区的地质演化过程,预测地质灾害的风险,为城市规划、基础设施建设等提供重要的地质依据。

矿产勘查资料是矿产资源开发的基础,详细记录了矿床的位置、规模、形态、矿物组成、矿石品位等关键信息。通过对矿产勘查资料的解读,地质工作者可以评估矿产资源的潜力、指导勘探方向、优化开发方案,从而提高资源利用率和经济效益。

油气地质资料专注于油气资源的勘探与开发,描述了油气藏的分布特征、储层特性、盖层条件、油气性质等。这类资料对于油气田的发现、评估、开发与管理具有指导意义,是油气行业不可或缺的决策支持资料。

海洋地质资料涉及海洋地质构造、海底地形、海洋矿产资源等方面的数据。随着海洋资源的开发利用,海洋地质资料的重要性日益突出。它有助于理解海洋地质过程、评估海洋资源潜力,同时为海洋环境保护和灾害预警提供科学依据。

水工环地质资料是水资源开发、工程地质调查和环境地质评价的基础,包括地下水资源、工程地质特性、环境地质问题等方面的信息。对水工环地质资料的分析可以为水利工程建设、城市防洪减灾、环境保护等提供科学的数据支持。

3. 按管理级别划分

地质资料的管理级别也是其分类的一个重要维度。根据资料的保密性和敏感性，地质资料可以分为公开地质资料、保护地质资料和保密地质资料3个层次，每个层次都有特定的管理要求与使用规则。

公开地质资料是指可以向公众公开的地质信息，通常不包含任何敏感信息，对公众和研究人员开放，包括但不限于一些基础地质图、公共地质数据库、历史地质文献以及某些地质科普资料。公开地质资料的发布与共享对普及地质知识、促进科学研究和教育具有极大价值。

保护地质资料具有一定的敏感性，可能包含商业机密或对环境有潜在影响的敏感信息。因此，这类资料需要采取一定的保护措施，如限制访问权限、实施用户身份验证和审计记录。保护地质资料包括某些矿产资源的详细勘探数据、特殊地质结构的调查报告及具有重要经济价值的地质模型等。这些资料的管理和共享需要在保护数据提供者的合法权益与促进地质科研及资源开发之间找到平衡。

保密地质资料属于管理级别中最严格的类别，通常涉及国家安全和军事设施、国家重要基础设施的安全等领域。保密地质资料的处理和存储需遵循严格的保密规定，限制在极小范围内传播，并且通常需要获得相应保密资格认证才能访问。例如涉及核设施选址的地质调查结果、军事基地的地质条件报告等都属于此类资料。保密地质资料的管理制度旨在防止信息泄露带来的风险，确保国家利益和公共安全不受威胁。

第二节　地质资料的重要性

地质资料的重要性不容小觑，它们在多个方面发挥着至关重要的作用。地质资料为地球科学研究提供了基础数据与实证支持，推动了地质学科的发展与进步。通过对这些资料进行深入分析，地质工作者可以追溯地球的演化历程，揭示各种地质现象的成因，理解地质灾害的机制，为防灾减灾提供科学依据。

在矿产资源勘探与开发方面，地质资料提供了关于矿床位置、规模、品位及开采条件等关键信息，为矿产资源的勘探与开发提供了重要依据。这些资料不仅能帮助企业优化勘探方案、降低风险，还能提高资源勘探的成功率与经济效益。此外，翔实的地质资料还能指导矿山设计，优化采矿顺序与矿石加工流程，提高资源利用率，减少环境影响。随着资源的逐渐枯竭，地质资料也支持深层找矿与难选冶矿石的利用研究，以延长矿山寿命，保障资源的可持续供应。

对于国家重大工程建设与城市规划，地质资料同样发挥着不可或缺的支撑作用。大型基础设施如水坝、桥梁、隧道、港口等的建设，需要详尽的工程地质调查资料作为依据。这些资料包括地质构造、岩土体性质、地下水条件等信息，对于工程选址、设计、施工及后期维护都具有决定性影响[2]。在城市规划中,地质资料有助于科学地进行城市布局,避免在地震断裂带、滑坡区等危险地带进行建设,同时也能够合理开发与保护地下水资源,确保城市的可持续发展。

地质资料在防灾减灾、生态保护、农业发展等方面也具有显著的社会价值。它们为防灾减灾提供了预测与减轻自然灾害的关键信息,为生态保护与修复提供了科学依据,为农业发展优化了农作物种植结构,并提高了农业生产效率。同时,地质资料还提升了公众对地球科学的认识与理解,促进了社会对环境保护与资源可持续利用的重视。

第二章 地质资料的采集与整理

第一节 地质资料的采集方法与技术

地质资料的采集方法与技术通常包括6个方面,分别为地质填图法、钻探技术、物探技术、遥感技术、采样与实验室分析技术、其他技术与方法(图2-1)。

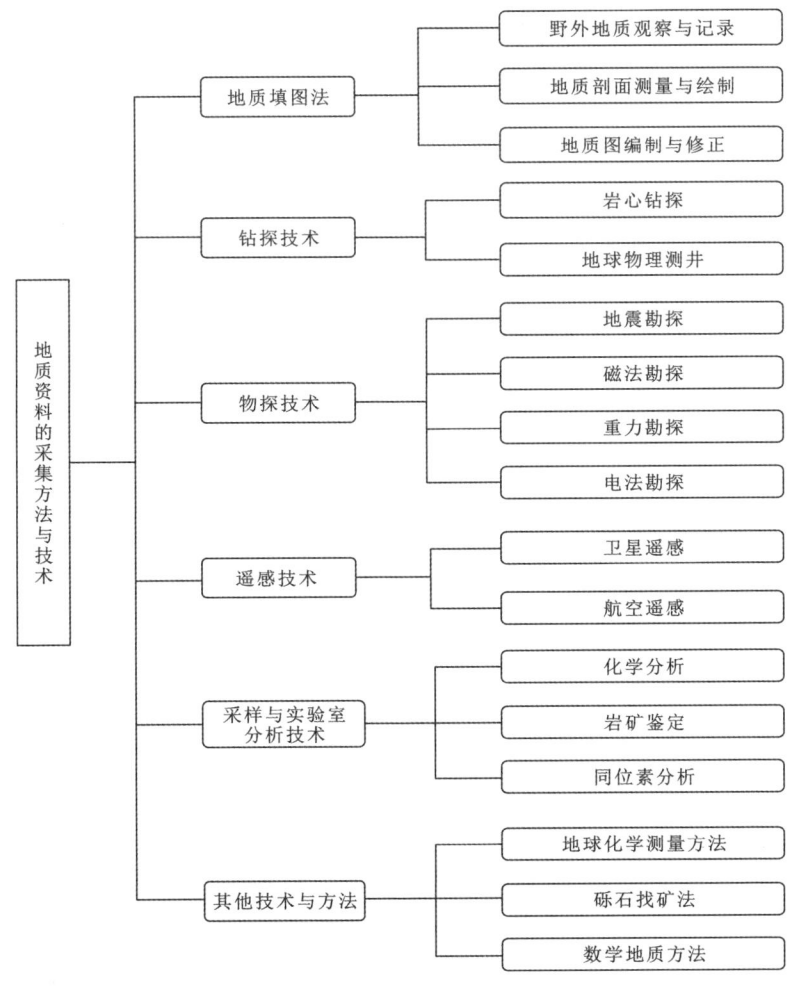

图2-1 地质资料的采集方法及技术

一、地质填图法

1. 地质填图法定义

地质填图法是一种基础且核心的地质研究方法,通过系统的地质观察和精确的地图绘制,为揭示地球结构和演化历史提供了重要的工具。这种方法涉及在指定区域内进行详细的地质调查,包括岩石类型、年龄、分布,以及地层之间的接触关系等,并据此绘制出一定比例尺的地质图。这种地质图不仅展示了地表岩石的类型和分布,还反映了地下地质构造的发育,如断层、褶皱等特征,为该区域的地质历史和构造活动提供了直观的科学依据。

地质填图的流程首先从文献调研和初步遥感图像分析开始,以了解工作区的基本地质背景。接着,地质工作者会实地考察,系统收集各种地质信息,包括采集岩石样本和测量地层等。在此过程中,地质锤、罗盘、GPS等工具是必不可少的,它们能帮助识别岩石、追踪地层和解释构造。

随着技术的进步,地质填图法也不断吸收新技术。例如无人机遥感技术可以快速获取大面积地表数据,而便携式X射线荧光光谱分析仪则能在野外快速测定岩石的元素组成。这些技术的应用提高了地质填图的效率和精度。

地质工作者完成野外工作后,需要对所有数据进行整理和解释,这是地质填图过程中极其重要的环节。首先,地质工作者要根据收集的数据分析地层连续性、岩体侵位关系及构造事件的时间顺序。之后,使用专业绘图软件将这些复杂的数据转换成直观的地质图。这种地质图不仅对科学研究有价值,对矿产勘探、地质灾害评估及城市规划也有实际指导意义。

地质填图法的应用丰富了人们对地球的认知。通过精确的地质图,地质工作者可以推测某区域的古环境和古气候,为生物地层学和环境地层学提供研究素材。同时,地质图也能指示矿产资源的可能分布,为找矿工作提供线索。此外,有关活断层和地震带的填图成果,可为地震灾害风险评估提供重要信息,服务于防灾减灾工作。

2. 地质填图法步骤

地质填图法是一种系统化的地质调查方法,通过野外地质观察与记录、地质剖面测量与绘制、地质图编制与修正等步骤,逐步揭示一个地区的地质结构和历史。这要求地质工作者具备深厚的专业知识和敏锐的观察力,并能将实地观察的数据准确地反映在地质图上。

野外地质观察与记录是地质填图法的基础手段。地质工作者深入不同的地形地貌,如山区、河谷和平原,对出露的岩石类型、地层序列、构造现象等进行详细的观察和描述。这些观察结果需精确记录,并附上采集的样品和摄影资料,以保证数据的真实性与完整性。在此过程中,地质锤、罗盘、GPS等工具对于提高观测精度和效率至关重要。

地质剖面测量与绘制是理解地下地质结构的关键步骤。地质剖面是一种展示地层序列和构造关系的垂直切面图,可帮助地质工作者可视化地下地质情况。在绘制地质剖面时,地质工作者根据野外数据,按一定比例尺绘制地层厚度、倾角、接触关系及构造变形等信息。这不仅需要地质工作者深刻理解地质学理论和方法,同时也需要其具有较强的空间想象能力和绘图技巧。

地质图编制与修正是地质填图法的成果展示阶段。地质工作者综合野外观测数据、样品分析结果和地质剖面图,编制内容丰富、信息准确的地质图。该地质图不仅展示了地表岩石分布,还反映了地下构造格局,为后续研究和应用提供基础。编制过程中,会根据新的数据和认识不断修正与完善地质图,以确保其科学性和实用性。

地质填图法的应用范围广泛,尤其在区域地质调查和矿产勘查中发挥着重要作用。在区域地质调查中,地质填图提供大面积地质信息,帮助理解地质演化历史、构造特征及资源潜力。在矿产勘查领域,地质填图法不可或缺,能够用于指示矿产的可能分布位置、指导勘探部署、提高找矿成功率。此外,地质填图法还在环境评估、城市规划、自然灾害防治等多个领域发挥作用,为社会可持续发展提供地质支撑。

二、钻探技术

1. 钻探技术定义

钻探技术是地质勘探和资源开发中不可或缺的核心技术之一。通过专业的钻探设备和工具穿透地表,直接获取地下岩心、岩屑或地下水样本,为地质工作者提供宝贵的地下地质信息。这些信息对于揭示地层结构、发现和评价矿产资源、监测地下水状况及地质环境评估至关重要。钻探技术不仅能提高资源勘探成功率,还会对环境管理和灾害预防产生深远影响。

钻探技术的历史可以追溯至19世纪,当时钻探施工主要依赖人工挖掘,效率低下且危险。随着第一次工业革命的推进,蒸汽动力和内燃机逐步应用于钻探领域,显著提升了钻探的深度和速度。进入20世纪,材料科学、电子技术和计算机技术的发展促使钻探技术迎来革命性变化。现代钻探设备通常配备高精度测量仪器、自动化控制系统和高效钻探工具,能在复杂的地质条件下高效、安全地作业。

在实施钻探技术时,地质工作者首先根据地质调查结果和资源开发需求确定钻探目标区域和钻孔位置。然后,专业钻探队伍使用不同类型的钻机,如旋转钻机、冲击钻机、超声波钻机等,根据地下岩石硬度和深度选择合适的方法。在钻探过程中,钻机会不断将钻杆、钻头及其他工具送入地下,并通过循环液体将岩屑带回地面以便分析。

钻探获得的地下样本,无论是岩心还是岩屑,都会经过严格的实验室分析,包括岩石学分析、地球化学分析、古生物学分析等,提供关于地层年代、沉积环境、有机质成熟度等重要信息。此外,随钻测井(logging while drilling,LWD)、随钻测量(measurement while drilling,MWD)等先进技术的应用,使得钻探作业能实时获取地下地质数据,极大地提高了钻探精度和效率。

钻探技术不仅在石油、天然气、矿产资源勘探和开发中有重要作用,还在地下水勘探、地热能开发、地下储能等领域展现出巨大潜力。同时,随着环境保护意识的增强,钻探技术在环境监测和污染治理中发挥着日益重要的作用。例如通过钻探技术可以监测地下水的污染状况,评估污染物的分布范围和迁移趋势,为制订有效治理措施提供科学依据[3]。

2. 钻探技术方法

钻探技术作为地质勘探和资源开发的先锋,涵盖多种先进方法,其中岩心钻探和地球物理测井是最重要的技术。岩心钻探专注于直接获取地下岩石样本,以便对岩石成分、结构等进行详细分析。通过精确取样,地质工作者能深入了解岩石成因、历史及所含矿产资源。地球物理测井则采用物理方法,如电阻率、密度、磁性等测量,探测钻孔内地质信息,提供岩石物理特性数据,对判断地层流体含量、孔隙度及是否存在矿藏至关重要。

岩心钻探通常需要使用特制钻具和设备,以确保岩心样本的完整性和代表性。这一过程始于精心规划钻孔位置,以确保钻头避开地表障碍并钻入目标地层。钻进时,所用钻头类型(如金刚石钻头或硬质合金钻头)和钻探液的选择需根据地下地质条件来决定。应将获取的岩心样本仔细包装、标记并送往实验室分析,可能包括岩石学研究、地球化学测试乃至古生物学评估,以揭示地层沉积环境、有机质成熟度等信息。

地球物理测井涉及将装有各种传感器的测井仪器下放至钻孔中,这些仪器能实时测量地下岩石的多种物理参数。例如通过电阻率测井可以识别含水层或含油层,而密度测井则能揭示煤层或其他有价值的矿床。磁性测井有助于检测和量化铁矿石等磁性矿物。这些测井数据不仅能为地层识别和解释提供科学依据,还能用于优化资源开发方案,提高开采效率。

在矿产勘查领域,钻探技术是连接地面调查与地下资源的桥梁。岩心钻探可提供直观的地质证据,帮助地质工作者发现新矿体;地球物理测井则进一步评价矿体质量和经济潜力。在水文地质调查中,钻探技术同样重要,通过钻探可以评估地下水资源的数量和质量,监测地下水的流动模式,从而指导合理水资源管理策略。

钻探技术以其独特的优势,为地质学研究和资源开发提供深入地下的手段。未来,钻探技术将更加高效、精确和环保,为人类资源开发和环境保护提供强大的技术支持。

三、物探技术

1. 物探技术定义

物探技术,即地球物理勘探技术,利用物理仪器和方法探测地下地质信息。基于物理学原理,通过测量地球物理场(如地磁场、地电场、重力场等)的变化,或观测地震波、电磁波等地下介质的传播特性,推断地下岩石类型、结构构造、流体内容及矿产资源等信息。物探技术应用广泛,涵盖石油天然气勘探、矿产资源勘查、水文地质调查、环境监测、考古探测及工程地质调查等多个领域。

物探技术实施过程中,地震勘探方法通过在地表激发地震波并记录反射或折射信号,揭示地下岩层界面和结构。电磁法通过检测地下介质对电磁场的响应,探测金属矿、地下水和盐体等。地磁法则利用磁力仪观测地球磁场异常,常用于铁矿和油气藏勘查。重力勘探通过测量地球重力场的微小变化,探测地下的密度异常体,如岩盐、煤层等。

物探技术的优势在于其非破坏性,可在不破坏地表环境的情况下获取地下深处的地质信息。随着电子技术和计算机技术的发展,物探技术的精度和分辨率显著提升。例如现代地震勘探设备能记录极微弱的地震信号,并通过先进的数据处理技术提取地下结构清晰图像。电磁法设备变得更便携和精确,可在复杂地形和恶劣的环境下工作。

除了传统物探方法,现代物探技术还不断吸纳新科学成果,形成了一系列高科技、高精度勘探手段。例如利用卫星遥感技术从空间观测地球表面的物理特性,可为大范围地质调查提供数据支持。无人机搭载物探设备能在人难以进入的区域进行勘探,提高工作效率和安全性。此外,人工智能和机器学习的应用也在提高物探数据处理的自动化及智能化水平。

物探技术不仅在资源勘探中有重要作用,还在环境科学中展现巨大潜力。在城市工程地质调查中,物探技术帮助工程师识别地下空洞、裂缝及其他潜在地质灾害,确保建筑工程安全。

2.物探技术常用方法

物探技术利用各种物理原理探测地下地质信息,常用方法包括地震勘探、磁法勘探、重力勘探和电法勘探等。这些方法各有特色,在矿产勘查、工程地质调查等领域发挥着重要作用。

地震勘探是物探技术中最广泛应用的方法之一,通过分析地震波在地下介质中的传播特性来探测地层结构、岩性变化等。地震波在不同岩石和矿石中传播速度不同,当地震波遇到岩层界面时会发生反射和折射现象,记录这些地震波信号并进行处理分析可以获取地下岩层结构图像。地震勘探不仅可用于油气、矿产资源勘查,还可在地质灾害预防、地下水调查等领域发挥作用。

磁法勘探利用岩石和矿石的磁性差异进行探测。地球上的岩石和矿石具有不同的磁化率,磁法勘探通过测量地磁场异常变化来探测磁性矿体和研究地质构造。磁法勘探设备通常包括磁力仪和磁力梯度仪等,能够精确测量地磁场的空间分布和时间变化。磁法勘探广泛应用于铁矿、金矿等磁性矿产勘查,也为地质构造研究提供重要信息。

重力勘探基于不同岩体、矿体密度差异引起的重力变化而进行的勘探。地球表面重力场受地下密度不均匀分布的影响,通过精密重力仪可以测量这些微小的重力变化。重力勘探不仅用于探测密度较大的矿体,如铅锌矿、镍矿等,还可用于研究地壳深部结构,为地球物理学和地质学提供基础数据。

电法勘探利用岩石和矿石的电性差异进行勘探,电阻率法和自然电位法是电法勘探中常用的方法。电阻率法通过在地表施加电流并测量地下介质电阻率分布,可以探测地下水、金属矿等目标。自然电位法则是利用自然电场变化来探测地下电解质溶液或金属矿体。电法勘探因其操作简便、成本低廉而广泛应用于矿产资源勘查和环境调查中。

这些物探技术方法的应用不仅提高了矿产勘查的成功率,还为工程地质调查提供了技术支持。例如在大型基础设施建设前,通过物探技术可以评估地下地质条件,预测可能发生的地质灾害,确保工程安全稳定。此外,物探技术还在环境科学领域发挥重要作用,如监测地下水污染、评估土壤侵蚀等,为环境保护和治理提供科学依据。

四、遥感技术

1. 遥感技术定义

遥感技术是一种现代科技,通过卫星或航空平台上的传感器远距离、大范围、快速地捕捉地球表面信息,包括地表岩石类型、地貌特征、植被覆盖、土壤湿度和人类活动痕迹等。这些信息以图像或数据形式记录和传输,经科学处理和分析,揭示地质结构、矿产资源分布、环境变化等信息。

遥感技术的发展历程充满了创新和突破。从早期黑白摄影到现今高分辨率彩色影像,从单一可见光波段到多波段、超光谱观测,从地面测量到空中摄影,再到卫星遥感,每次进步都扩展了视野,提高了地质调查的效率和精度。尤其在高山、荒漠、雨林等困难和危险地区,遥感技术展现了其不可替代的优势。

在地质调查领域,遥感技术应用广泛。它可以提供大尺度地质结构图,帮助地质工作者理解区域地质演化历史,发现隐蔽地质构造,甚至预测矿产资源潜在分布区。同时,遥感技术也是环境监测的有力工具,能够及时发现森林砍伐、土地沙漠化、水体污染等环境问题,为环境保护和治理提供科学依据。

此外,遥感技术在灾害预警与评估中发挥着重要作用。地震、洪水、泥石流等自然灾害伴随地表形态变化,通过对比灾害前后遥感影像,可以快速评估灾害影响范围和程度,为救援工作指引方向。在气候变化研究中,遥感技术不可或缺,能提供长时间的气候数据记录,帮助地质工作者分析气候变化趋势和影响。

遥感技术的核心在于其传感器系统和数据处理技术。随着空间技术的进步,传感器的分辨率越来越高,能捕捉到更细微的地表特征。数据处理技术的进步,使从海量遥感数据中提取有用信息成为可能。人工智能和机器学习的应用,正在将遥感数据处理推向自动化和智能化的新高度。

未来,随着遥感技术的进步,相信它将在地质调查、环境监测、灾害管理等领域发挥更大的作用。例如通过更高分辨率的遥感影像,或许能发现更多隐蔽的矿产资源;利用更先进的数据分析技术,能更准确地预测自然灾害的发生;结合大数据和人工智能,能更有效地监测和管理地球自然环境。

2. 遥感技术方法

遥感技术作为一种远距离获取地质信息的方法,主要分为卫星遥感和航空遥感两大类。卫星遥感利用在轨卫星搭载的传感器,从几百千米到几千千米高空对地球表面进行观测,能够覆盖广泛区域并提供岩石类型、植被覆盖、地貌特征等重要地表信息。这些信息对地质工作者极具价值,能够帮助他们识别和绘制地质结构图,发现潜在矿产资源,评估地质灾害风险。

卫星遥感的优势在于提供大范围、连续的地表数据,适用于大尺度地质调查和环境监测。然而,对于需要更精细观察的场合,航空遥感则显示其优势。航空遥感通过飞机等航空平台搭载传感器,在低空对地表进行高分辨率成像和数据收集。这种近距离观测能捕捉更细致的地表特征,如小型断裂带、岩层细微变化等,对于地质填图和矿产勘查尤为关键。

在地质填图方面,遥感技术不仅能提供地表岩石和地貌信息,还能帮助地质工作者识别隐蔽地质结构,如被植被覆盖的断层和褶皱。通过分析遥感图像,可以追踪这些构造走向,理解区域地质演化历史,从而为地质填图提供准确依据。

矿产勘查是遥感技术的另一重要应用领域。矿产资源往往与特定的地质构造和岩石类型有关,而遥感技术能够快速识别这些特征,缩小勘查目标区域,提高勘查效率。例如通过遥感图像发现线性或环形构造,可能暗示地下岩浆活动,这些地带通常富含矿产资源。此外,遥感技术还能探测由矿化作用引起的地表异常,如植被生长异常、土壤成分变化等,这些异常通常是矿产资源存在的直接指示。

地质灾害监测也是遥感技术发挥作用的重要领域。地质灾害如滑坡、泥石流、地面沉降等,往往与特定的地质条件和环境因素有关。遥感技术能够提供这些灾害高频次的监测数据,帮助地质工作者及时发现异常迹象,评估灾害风险,并为防灾减灾提供科学依据。例如通过对比不同时间的遥感图像,可以监测山体裂缝发展、河流岸线侵蚀等现象,这些信息对于预测和防范地质灾害至关重要。

五、采样与实验室分析技术

1.采样方法

在地质勘探和环境评估领域,采样与实验室分析技术是获取地下信息的关键手段。采样方法通常分为坑探采样、钻探采样和地面采样3类,每种方法各有独特适用场景和优势。

坑探采样是在矿坑中直接采集矿石样品的方法,包括刻槽法、剥层法、全巷法等。刻槽法是指在矿体上开凿一定规格的槽孔,收集其中的矿石样品;剥层法则是逐层剥离矿体表层,采集每一层矿石样品;全巷法是在开采巷道中系统采集矿石样品。这些方法在开采过程中可直接获取矿石样品,为矿产评估和开发提供物质基础。

钻探采样是通过钻探技术获取地下岩心样品的方法。钻探能够深入地下数千米,获取不同深度岩心,对于研究地质结构、矿产资源分布及地下水状况具有重要意义。钻探采样可提供连续地质剖面,帮助地质工作者准确判断地层时代、岩性及含矿性等信息。

地面采样则包括土壤采样、水系沉积物采样、植物采样等方法。这些方法主要用于环境地质调查和生态评估。土壤采样可以分析土壤理化性质,评估土壤肥力和污染程度;水系沉积物采样反映流域内侵蚀、物质输移和沉积作用;植物采样主要用于评估植物对土壤中元素的吸收情况,以及环境污染对生态系统的影响。

这些采样方法获取的样品,均需通过实验室分析进一步提取信息。实验室分析技术包括岩石学分析、地球化学分析、同位素分析等。岩石学分析研究岩石的矿物成分、结构和构造,为岩石成因和演化提供证据。地球化学分析关注岩石和矿石中的元素含量,通过分析元素分布和富集规律,发现矿化异常区,指导矿产勘查。同位素分析利用放射性同位素衰变特性,测定岩石和矿物年龄,为地质事件定年提供精确数据。

实验室分析不仅需要精密仪器和设备，还需科学的分析方法和严谨的操作流程。例如电感耦合等离子体质谱仪(ICP-MS)能够精确测定样品中微量元素的含量，X射线衍射仪(XRD)可以准确鉴定矿物种类，扫描电镜(SEM)则能观察岩石和矿物的微观形貌。

2. 实验室分析技术

实验室分析技术在地质学和矿产勘查中扮演着重要角色，可揭示样品成分、结构和历史，为科学研究和资源开发提供准确的数据支持。这些技术方法主要包括化学分析、岩矿鉴定和同位素分析等，针对不同类型样品和研究目标提供独特信息。

化学分析是对岩石、矿物、土壤、水样等地质样品进行化学成分测定的过程。它涉及将样品进行酸溶或碱溶，然后使用原子吸收光谱仪(AAS)、电感耦合等离子体发射光谱仪(ICP-OES)等精密仪器，精确测定样品中的元素含量。这些数据对于理解岩石成因、矿物形成环境及矿产资源评价具有重要意义。例如通过对矿石样品进行化学分析，可以确定其有用元素的浓度，评估其经济价值；对土壤和水样进行分析，则能揭示环境污染程度和来源。

岩矿鉴定是识别和描述岩石与矿物的过程，包括宏观和微观两个层面。宏观鉴定主要依靠肉眼观察岩石的颜色、纹理、结构等特征；微观鉴定则需借助显微镜、X射线衍射仪(XRD)、扫描电镜(SEM)等设备，深入观察矿物的形态、光学性质和结构[4]。岩矿鉴定对于地质填图、岩石分类、矿物资源开发等至关重要，能帮助地质工作者准确命名岩石和矿物，理解它们的形成条件和演变历史。

同位素分析是利用放射性同位素的衰变特性，研究地质过程和矿产资源的技术。通过测定岩石、矿物、化石等样品中的同位素比例，可以确定它们的形成年代，追溯物质来源，甚至揭示古环境和古气候信息。例如利用铀-铅(U-Pb)同位素定年技术，可以精确测定锆石等矿物的形成年代；利用碳同位素分析，则能追踪古代生物生活环境。同位素分析为地质学研究提供了强大的工具，使地质工作者以前所未有的精度解读地球历史。

这些实验室分析技术的应用极大地推动了地质学发展，为地质研究和矿产勘查提供科学依据。化学分析可帮助理解地球的物质组成，岩矿鉴定揭示岩石和矿物的秘密，同位素分析得以窥见地球的过去。在实际应用中，这些技术往往需要相互配合，共同构建对地质样品的全面认识。

随着科技的进步，实验室分析技术不断向自动化、高精度和微量化方向发展。例如激光剥蚀电感耦合等离子体质谱仪(LA-ICP-MS)能在不破坏样品的情况下，对样品的微量元素进行原位分析；二次离子质谱仪(SIMS)则能提供超高空间分辨率，用于微区同位素分析。这些先进技术不仅提高了分析效率和精度，还使得对以往难以观测到的现象进行观测成为可能。

六、其他技术与方法

在地质学和矿产勘查领域，除了上述物探、遥感、采样与实验室分析技术外，还有一系列其他技术和方法，包括地球化学测量方法、砾石找矿法和数学地质方法等。这些技术和方法各具特色，在勘探中发挥了重要作用，为地质研究与资源开发提供了有力支持。

地球化学测量方法通过系统采集和分析天然物质（如土壤、岩石、水体、植物等）中的地球化学特征，发现地球化学异常，进而寻找矿床。这种方法基于一个基本原则：矿床形成过程会在周围天然物质中留下特定的地球化学痕迹，这些痕迹可通过化学元素含量或比例的变化识别。例如某些金属矿床可能会导致周围土壤中特定金属元素含量显著高于正常水平，形成所谓的地球化学异常。地质工作者可以通过高精度分析仪器，如电感耦合等离子体质谱（ICP-MS）对这些异常进行定量测定，从而缩小勘探目标区域，提高找矿效率。

砾石找矿法，又称矿砾法，是利用矿砾或矿化岩石砾石分布规律寻找矿床的一种方法。在一些矿床类型，如金矿、锡矿等地表或近地表，由于风化作用，含矿岩石常会破碎成砾石，这些砾石被水流、冰川等自然力搬运到较远处。因此，通过研究这些砾石的分布、大小、形态和矿物组成等特征，可以推断矿砾的来源地，进而指导找矿工作。这种方法在历史上曾是找矿的重要手段，尽管如今已被更高效的技术取代，但在特定条件下仍具一定应用价值。

数学地质方法运用数学和计算机技术对地质数据进行处理与分析，旨在提高地质资料采集和处理效率，加深对地质现象的理解。数学地质方法包括但不限于地质统计学、地质信息学、数值模拟等。例如地质统计学可用于评估矿产资源量和品位的不确定性；地质信息学则能整合多源地质数据，建立三维地质模型；数值模拟技术可以模拟地质过程，如盆地演化、油气运移等。这些方法的应用使地质工作者能够从海量数据中提取有价值的信息，提高勘探成功率。

随着科技的进步，这些技术与方法也在不断发展和完善。地球化学测量方法正变得更加精确和自动化，砾石找矿法结合现代分析技术后得以复兴，而数学地质方法则在计算机技术的推动下，展现出强大的数据处理和模拟能力。这些技术与方法的应用不仅丰富了地质学的研究内容，也为资源开发提供了新思路和工具。

第二节　地质资料的整理流程与标准

地质资料整理流程包括野外资料收集与初步整理、资料核对与修正、编制实际材料图、数据处理与图件编制、成果资料审核与归档5个方面，如图2-2所示。

一、整理流程

1. 野外资料收集与初步整理

在地质勘探的实践中，野外资料收集与初步整理是整个地质资料管理的基础环节，直接影响后续分析和研究的准确性与效率。这一过程需要严格而有序的步骤，以下是关键步骤和要点。

（1）即时整理：在野外进行地质填图时，所有的文字记录、图纸绘制、实物样本等资料应在当日内整理完毕，不得延后。这有助于保持信息的新鲜度和准确性，防止其随着时间推移而出现模糊或遗漏的问题，同时也为后续工作奠定坚实的基础。

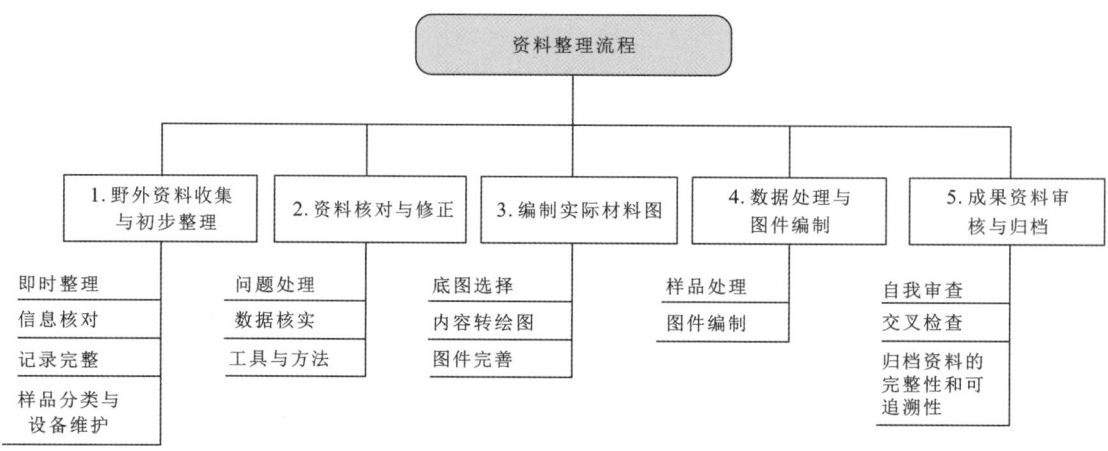

图 2-2 地质资料整理流程图

(2)信息核对:整理资料时,务必仔细检查所有信息,包括点号、层位代号、标本及样品编号、地理位置及各种测量数据等,确保无误。这一环节对提升数据的可靠性至关重要。

(3)记录完整:确保地质点记录表内容齐全、文字描述清晰、无错别字、用词准确。此外,还需检查素描图是否完整。这些记录不仅是野外工作的直接成果,也是后续研究和分析的重要依据。

(4)样品分类与设备维护:除了上述步骤外,还需要对采集的样品进行分类、包装和标记,并检查和维护野外设备与工具,确保它们处于良好状态,随时可以投入使用。

在实际操作中,地质工作者需要具备丰富的专业知识、敏锐的观察能力和严谨的工作态度。他们需要快速准确地识别地质现象,有效地记录和采样,并适应复杂多变的野外环境,保持高效的工作节奏。

随着技术的发展,现代地质调查手段也在不断进步,如卫星遥感技术可以提供大范围的地表信息,无人机可以在难以到达的地区进行空中拍摄,GPS 和 GIS 技术能有助于精确地定位和记录地质点的位置。这些技术的应用提高了野外资料收集的效率和精度,但也对地质工作者提出了更高的技能要求。

2. 资料核对与修正

资料核对与修正是地质勘探野外工作中不可或缺的一部分,确保了数据的准确性和可靠性,以下是关键步骤和注意事项。

(1)问题处理:在整理和分析野外资料时,如果发现任何问题,如数据不一致、记录不清或标本编号错误等,必须回到现场进行核实并修正。直接观察和测量是确保数据真实性的唯一途径。

(2)数据核实:所有数据包括地质点坐标、观察路线、岩层产状、填图单元代号等,都需要仔细核实。这一步骤需要将野外记录与实际地质现象对照,确保数据的一致性。

(3)工具与方法:确保使用正确的方法与工具进行测量和记录,如 GPS 定位、罗盘测量地层倾角等。同时,还需再次核查所有采集的样本和标本,确保编号和分类正确。对于地质图件的绘制,也要进行严格审核,确保比例尺、符号和颜色使用正确,地质界线清晰。

资料核对与修正不仅是技术过程,也是科学过程,它要求地质工作者具备扎实的专业知识、严谨的态度和细致的观察能力。

随着科技的进步,现代技术在数据校验与修正中越来越重要。例如地理信息系统(GIS)可用于精细的地理信息分析与制图,数据库管理系统则能高效地存储与检索海量数据。此外,遥感技术和无人机能够提供广阔区域的高分辨率地表影像,助力地质工作者更精确地标记地质界线并进行地质解释。

资料校验与修正是一个贯穿整个地质勘探过程的持续性工作。从野外考察到实验室分析,每一步都离不开反复的校验与修正,以此确保最终成果的科学性和准确性。通过不懈的努力,地质工作者能够更加深入地理解地球的构造、历史及资源分布,从而为人类社会的发展贡献力量。在这个过程中,每一位地质工作者的专业知识和辛勤付出都不可或缺,他们共同构筑了地质学这一学科的核心价值与意义。

3. 编制实际材料图

编制实际材料图是地质勘探野外工作的成果汇总阶段,需将所有地质信息准确反映在一张清晰的图件上。以下是关键步骤和注意事项。

(1)底图选择:选择与手图相同版本的地形图作为底图,确保其投影方式、比例尺和地理坐标系统一致。底图质量直接影响实际材料图的准确性和美观性,应选择无折叠、无皱褶、无缺损的底图。

(2)内容转绘:将手图中的地质点、观察路线、标本采集点等内容精确转绘到底图上。这一过程需耐心细致,因为任何小的误差都可能导致地质信息的误读。

(3)图件完善:在图件上添加图框、图名、图例、比例尺、责任表等信息,形成完整的实际材料图。这些元素不仅能使图件更加规范,也便于使用者理解和使用。

在编制实际材料图时,还需要注意以下几点:首先,要保证图面的清晰和整洁,避免过多的涂改和污渍;其次,要保证图件中信息的更新,任何变化或修正都应及时反映在图件上;最后,要保证图件的可读性,使用清晰的字体和符号,确保在不同放大比例下都能清晰阅读。

随着科技的进步,GIS技术可用于地质信息的数字化采集和管理,提高图件的编制效率和准确性;遥感技术和无人机则能提供大范围的高清晰度地表图像,帮助地质工作者进行更准确的地质解译。

4. 数据处理与图件编制

在地质勘探项目中,数据处理与图件编制是两个相辅相成的步骤,它们对于揭示地下地质构造、指导矿产资源的勘探与开发起着决定性的作用。以下是这两个步骤的基本流程和关键要素。

样品处理是数据处理的基础。在野外作业中,地质工作者会收集大量的岩石、矿物、化石等样本,这些样本的检测与分析结果对于理解地质构造和资源分布至关重要。因此,首先要对采集的原始资料进行核查与整理,确保每个样本都有清晰的标识、位置信息和采集背景。同时,还需要评估样本的代表性,确保它们能够准确反映研究区域的地质特性[5]。这可能包括对样本进行分类、筛选或重新采集,以保证数据的质量和可信度。

图件编制则是将地质数据转化为可视化形式的过程,使复杂的地质信息更加直观和易于传播。根据地质资料,地质工作者会绘制一系列综合图件,如钻孔柱状图、地质剖面图、水平切片图等。这些图件不仅展示了地下岩层的分布、地质结构和矿体形态,还能体现地质年代、岩石属性和矿物成分等信息。

钻孔柱状图是地质勘探中常用的图表之一,它显示了钻探过程中穿过各个岩层的位置、厚度及其岩石性质和矿化程度等信息。在编制钻孔柱状图时,需要精确记录每个岩层的深度、厚度以及岩性描述,并标记取样位置和检测结果。这些细节对于判断矿体的连续性和规模非常重要。

地质剖面图则是另一类重要的图件,它通过将地表和地下的地质信息投射到一个垂直平面上,展现了地质结构在三维空间中的延伸和变化。在绘制地质剖面图时,需要结合地表地质测绘和钻孔数据,准确描绘地层的倾角、走向、褶皱和断层等构造特征。剖面图是理解区域地质演化和指导后续勘探工作的基础。

水平切片图用于展示特定深度范围内地质现象的分布和变化情况,有助于了解矿体在水平方向上的展布和变异。在绘制水平切片图时,需要整合同一水平高度上的地质信息,清楚地展示矿体的范围、形态及品位变化。

在数据处理与图件编制过程中,还应注意以下几点:首先,确保所使用的数据是最新且准确无误的,这可能需要定期更新数据库并进行数据验证;其次,使用专业的绘图软件和工具,这不仅能提高图件的绘制效率,还能确保图件的标准化与规范化;最后,对编制的图件附上详尽的解释与说明,以便其他地质工作者能够准确理解图件内容。

随着技术的进步,数据处理与图件编制的方法也在不断发展。例如地理信息系统(GIS)技术可用于管理空间数据,提高图件的精度和交互性;三维建模技术则能创建立体地质模型,更直观地展现地质结构。

5.成果资料审核与归档

在地质勘探项目的尾声阶段,成果资料的审核与归档是确保工作质量及知识传承的重要环节。此过程不仅涵盖了对地质资料的最终审查,还包括资料的长期保存与有效利用。以下是成果资料审核与归档的主要步骤和注意事项。

自我审查与交叉检查是成果资料审核的第一步。在此阶段,记录人员需对其自身工作进行全面复查,以确认所有数据、图表及报告的准确性和完整性。这包括地质记录、样品登记、结果分析及图表绘制等方面的核实。在自我审查完成后,其他团队成员将进行交叉检查,即相互审查对方的工作,以识别任何可能的遗漏或错误。这一环节有助于纠正个体可能的疏忽和偏差,提升成果资料的可信度。

在自我审查与交叉检查期间,有几个关键点需要特别注意:①数据的逻辑一致性,如地质年代的顺序、岩性的兼容性等;②图表的精确性,如地质边界的正确描绘、符号和注释的准确性;③报告的明晰性,包括语言表述的准确度、结论的合理性等。此外,还需确保所有资料遵循相关规范和标准,如地质图表的绘制是否符合国家标准或行业规定,样品分析是否使用了适当的技术方法等。

成果资料审核后的下一步是归档管理。这一阶段的目标是对整理完毕的地质资料进行系统归档,以确保长期保存和未来参考使用。归档管理通常包括实体归档和数字归档两部分。实体归档是指按一定分类和排序规则将纸质资料、样品、底片等实物存放在专用的档案室或仓库中。数字归档则是对电子文件、数据库及数字图表等进行备份与存储,在确保数据安全的同时方便检索与共享。

进行归档管理时,有几个要点需要留意:首先,确保归档资料的完整性,即所有相关的地质资料均应妥善保存,避免遗漏或损坏;其次,确保资料的可追溯性,即每份资料的来源、日期及经手人等信息应记录清晰,便于日后查阅和审计;最后,定期对已归档资料进行维护更新,对于老化介质应及时复制或迁移,以防资料遗失。

二、整理标准

地质资料整理包括资料完整性、数据准确性、图件规范性、归档管理、保密要求5个方面(图2-3)。

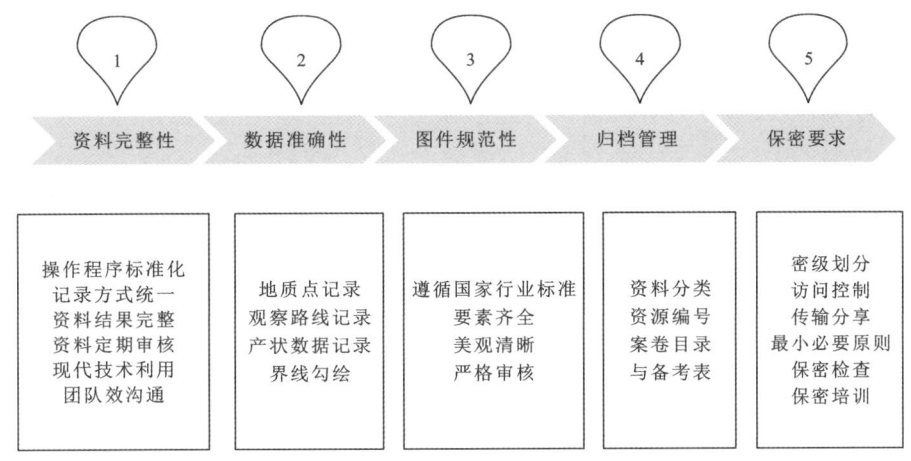

图 2-3 地质资料整理标准

1. 资料完整性

在地质勘探项目中,确保资料的完整性是实现研究结果可靠性和可用性的基础。为了达成这一目标,需要采取一系列措施来保证所有野外采集的资料、观测记录、计算数据及测试结果不仅完整无缺而且系统化。以下是一些关键步骤和注意事项。

(1)应建立一套标准化的操作程序来指导野外数据的采集与记录。这套程序应当包含明确的指南,说明在野外作业时应收集哪些信息,如何采用标准化格式进行记录,以及如何确保数据的初步完整性。例如在地质测绘过程中,记录的地层、岩石类型、构造特征和矿化点等信息应在现场直接记入标准化表格或电子文档,并拍摄照片以备存档。

(2)对于观测记录,应确保所有重要的地质现象都得到了详尽的记录,并且记录的方式应当统一。这意味着除了记录观察到的现象之外,还应记录观察的时间、地点及环境条件等背景信息。此外,所有样品和标本都应贴上清晰的标签,并附上详细的采集信息,如采样地点、深度、时间和采集者。

(3)在计算资料和测试结果方面,完整性同样至关重要。所有数据处理步骤均应有文档记录,包括数据来源、处理方法、使用的公式与软件以及处理结果。如此一来,即便是在项目后期或项目结束后,也可以追溯并验证这些数据。类似地,岩石、矿物、化石的分析结果也应完整记录,包括测试实验室、测试方法、测试日期及结果数据。

(4)为了确保资料的完整性,应定期对资料进行审核与检查。这可以通过自检、互检以及外部专家评审的方式来实现。自检是由研究人员自行检查自己的资料;互检则是研究人员之间互相审查对方的资料;外部专家评审则是邀请项目以外的专家对资料进行独立评估。这些检查不仅有助于发现并纠正错误,也能确保资料的完整性。

(5)在资料管理方面,应利用现代数据库技术和信息技术来辅助维护资料的完整性。这意味着所有资料都应以数字化形式存储,并进行备份。实物样本和标本也应有详细的数字化记录,并妥善保管。此外,还应采取措施,如定期备份数据,使用可靠的存储设备和技术防止数据丢失,实施适当的安全措施防止数据被篡改或损坏等。

(6)团队间的有效沟通也是保证资料完整性的重要因素。项目成员之间应保持紧密的联系,及时分享信息和资料。这可以通过定期召开会议、提交报告及更新进展等方式来实现。同时,项目管理者应确保所有团队成员都能认识到资料完整性的重要性,并提供必要的培训和支持。

2. 数据准确性

数据准确性是地质勘探工作的核心要素,直接关系到研究成果的可靠性和实际应用价值。以下是关键步骤和注意事项。

(1)地质点记录:详细核对地质点的坐标、高程、地形特征等信息,确保记录准确无误。

(2)观察路线记录:记录观察路线的起点、终点、沿途地质现象、采样点等信息,并通过GPS和其他定位工具进行核实。

(3)产状数据记录:使用专业测量工具,如罗盘或倾角仪,多次测量以确保数据稳定可靠。

(4)界线勾绘:根据实地观察和样品分析结果,结合地质知识和经验,精确描绘地质界线的延伸和变化。

此外,还应采取双重检查、使用高质量仪器、进行重复测量、建立完整的数据管理体系等措施。

3. 图件规范性

图件规范性是地质勘探成果表达的重要方面,关乎图件的可读性和专业性。以下是关键步骤和注意事项。

(1)遵循标准:图件绘制应遵循国家或行业地质图绘制标准,确保符号、颜色、线条等的统一性和专业性。

(2)图件要素齐全:图名、图例、比例尺、责任表等要素应齐全且规范,便于读图者正确解读图件。

(3)美观清晰:图件布局合理,地质要素标识清晰、不重叠,线条和文字大小适中,颜色搭配和谐。

(4)严格审核:进行自检、互检和专家审查,发现并纠正错误,确保图件的规范性和专业性。

4. 归档管理

归档管理是地质勘探数据管理的重要环节,关乎资料的可追溯性和再利用。以下是关键步骤和注意事项。

(1)资料分类是归档管理的基石。地质勘探过程中产生的资料种类繁多,涵盖野外记录、样品分析、图表、研究报告等多种形式。这些资料应依据其特性和用途进行合理分类。例如可以将资料划分为地质观测数据、实验测试数据、图表和报告四大类。每一类别下还可以进一步细分,如地质观测数据可细分为地层信息、岩石性质数据、构造特征数据等。这样的分类体系不仅有助于快速定位和检索资料,也有利于资料的系统化管理。

(2)资料编号是确保归档有序的核心。每份资料都应拥有一个独一无二的编号,这一编号通常有分类编码、年度标识及序列编号等组成部分。编号的设计应当遵循既定规则,使其易于理解和运用。例如分类编码可以参照国际通用的地质资料分类体系,年度标识则指示资料形成的年份,而序列编号则是该年度内资料的顺序编号。通过编号系统,可以清楚地识别资料的类型、生成时间及其在同类资料中的位置,从而实现对资料的有效管理和使用。

(3)建立案卷目录与备注表是确保资料可追溯性的关键。档案保管单位应建立案卷目录及备注表,这是确保资料可追溯的重要手段。案卷目录记录了案卷内所有文件的基本信息,如文件名称、编号、日期等;备注表则记载了档案的历史信息,包括资料的生成、使用、修改及归档详情。这些信息不仅有助于档案管理和检索,也有利于档案的长期保存及历史研究。

在实际操作中,归档管理还应注意以下几点:首先,归档资料应存放在适当的环境中,避免潮湿、高温、阳光直射等不利条件,以保护资料的物理状态;其次,应定期检查归档资料,及时修复损坏文件,更新过时介质,确保资料的完整性和可用性;最后,归档管理应采用现代化的信息管理系统,如电子文档管理系统(EDMS),以提高资料管理的效率和准确性。

归档管理是地质勘探项目管理中的一个重要组成部分,它通过分类清晰、编号有序的资料管理,确保了资料的可追溯性和易用性。通过建立卷内文件目录及备考表,以及采取有效的保护和存储措施,可以大大提高资料的安全性和长期保存的可能性。这些措施不仅为当前的研究和决策提供了支持,也为未来的科学研究和历史回顾提供了宝贵的资料。

5.保密要求

在地质勘探领域,某些地质资料可能涉及国家秘密,需严格按保密规定管理和使用。以下是关键步骤和注意事项。

(1)密级划分:根据国家保密法律法规,对地质资料进行密级划分,并在资料上明确标注。

(2)访问控制:实行严格的访问控制,仅授权人员可访问涉密资料。

(3)传输分享:使用加密技术保护涉密资料的安全,严格限制资料的分享范围。

(4)最小必要原则:工作人员只能接触完成工作任务所必需的最少资料,并在使用完毕后及时归还。

(5)保密检查:定期对涉密资料进行保密检查和风险评估,及时发现和解决问题。

(6)保密培训:对员工进行保密意识和技能培训,明确每位员工的保密职责和义务。

第三节 地质资料的质量控制与评估

一、地质资料质量控制

1.数据源控制

地质资料的质量控制是确保地质勘探成果可靠性的基石,而数据源控制则是这一过程中的第一步。确保原始数据的真实性、完整性和准确性是地质资料可用性的先决条件,因此验证数据源的可靠性显得尤为重要。

(1)严格审查数据来源:这包括评估数据提供者的专业性和信誉,以及数据本身的质量。在选择数据源时,应优先考虑来自官方地质调查机构或权威科研机构的数据。这些机构通常遵循严格的数据收集和处理标准,能提供高质量的数据。例如中国地质调查局发布的地质图和数据库、国际地质科学联合会提供的研究报告等,均属优质数据源。

(2)确保数据真实性:数据必须反映真实的地质现象,未经任何篡改或误导。为了验证数据的真实性,可以采取多种措施,如与其他独立数据源进行对比,通过现场调查核实数据,或在实验室分析确认数据准确性。例如在采集岩石样品时,记录详细的采样位置、时间和环境条件,并在实验室中对样品进行多项测试,以验证其真实性。

(3)保障数据完整性:数据完整性意味着数据包含所有必要信息,没有遗漏或缺失。在数据收集过程中,应确保涵盖所有相关地质要素,如地层、岩性、构造、矿产等,并记录这些要素的关键特征。同时,注意数据的时空连续性,确保数据能完整反映地质现象的时间和空间分布变化。例如在地质填图时,确保地图上的所有地质界线都经过实地验证,并与相邻区域的地质界线相匹配。

(4)确保数据准确性:数据准确性是指数据能够正确反映测量或观察结果,没有误差或偏差。为提高数据准确性,应使用精确的仪器和设备进行测量,并采用正确的方法处理数据。此外,需定期校准和验证数据,以确保其稳定性和可靠性。例如使用GPS进行定位时,应确保设备精度满足要求,并定期校准。

(5)建立数据审计机制:包括记录数据来源、处理过程和使用情况,并定期审查评估数据。通过数据审计,可以发现并纠正处理中的错误,确保数据质量持续改进[6]。同时,数据审计有助于提高透明度,增强用户对数据质量的信任。

2.数据采集过程控制

数据采集过程控制是地质资料质量控制的核心环节,直接影响数据质量和后续分析的准确性。为确保数据采集的准确性和可靠性,需制订详细的采集方案,对采集人员进行专业培训,并实施严格的现场监督和数据核查,记录数据采集过程,定期审查数据采集过程,建立数据采集质量责任制。

(1)制订详细的数据采集方案:方案应包括具体目标、内容、方法、技术和标准。例如在地质填图项目中,应明确填图的比例尺、精度要求、采样点布局、样品测试项目等。方案还应包含数据处理流程和质量控制标准,确保处理和分析符合科学规范,从而避免遗漏和错误。

(2)培训采集人员:培训内容应涵盖专业知识和技能,如地质学基础知识、野外调查技术、样品采集与处理方法等,还包括数据记录和报告撰写的规范内容。通过培训,采集人员能够熟悉流程,掌握正确的方法,提高数据处理的准确性和完整性。

(3)现场监督与数据核查:可通过设立专门监督人员或采用同行评审方式进行。监督人员应实时监控采集过程,确保按方案执行,并及时解决现场问题。数据核查则需逐项检查采集数据,验证其真实性与准确性。例如通过回溯检查、与历史数据对比、统计方法分析一致性等方式进行核查。

(4)记录数据采集过程:记录每个数据采集过程的详细信息,包括时间、地点、人员、环境条件、设备与方法、结果等。这些信息有助于后期分析和问题追溯,也是评估数据采集质量的重要依据。

(5)定期审查数据采集过程:可通过内部审计或邀请外部专家进行。审查的目的在于检查方案执行情况,评估数据质量,发现存在的问题,并提出改进措施。持续审查和评估可不断优化流程,提升数据质量。

(6)建立数据采集质量责任制:明确每个采集人员的责任,确保其了解工作的重要性。建立激励机制,对优秀人员给予奖励,对违规行为进行处罚,以增强责任感,提高积极性。

3.数据处理与整理控制

数据处理与整理控制是地质资料质量控制的重要部分,涉及从数据采集到最终成果的处理流程。为确保数据准确性和可靠性,需采用科学的数据处理方法,建立质量控制体系,并定期进行数据质量检查。

(1)采用科学的数据处理方法:包括数据清洗、筛选和整理等过程。数据清洗是去除错误、异常值和重复记录,确保数据的一致性与准确性。数据筛选是根据研究目的提取有用信息。数据整理则对数据进行分类、编码和格式化,便于后续分析与解释。

(2)建立数据质量控制体系:包括建立标准操作程序、质量控制指标和方法,以及监控和记录机制。标准操作程序规定具体步骤和要求,确保统一执行。质量控制指标和方法用于评估处理质量,如误差分析、数据一致性检查和结果验证。监控和记录机制要求详细记录处理过程,便于审核和追溯。

(3)定期进行数据质量检查:包括对处理后的数据进行审查和评估,及时发现并纠正错误。可采用自动化工具和脚本辅助,如数据库查询检查完整性,统计软件分析的一致性与准确性等。也可组织专家进行人工检查,特别是对于关键数据和复杂处理过程。通过质量检查,确保处理的准确性和可靠性,从而提升数据价值。

(4)考虑数据存储与管理:处理后的数据应存储在安全、可靠的系统中,防止丢失和损坏。数据管理应方便检索和共享,支持进一步分析和解释。例如使用地理信息系统(GIS)管理空间数据,使用数据库管理系统存储非空间数据,提供强大的查询、分析和可视化功能。

4. 数据存储与管理控制

数据存储与管理控制是地质资料质量控制的基础,可确保数据安全性、可访问性和可持续性。地质勘探数据多样且庞大,需长期保存,因此建立完善的存储和管理系统至关重要。

(1)建立健全的数据存储和管理系统:系统应能处理各种类型的数据,支持查询、更新和导出。为确保安全性,系统需具备用户权限管理、数据加密和防火墙保护。系统应保证可访问性,使授权用户随时获取数据。例如使用云存储服务既可备份数据,又方便网络访问。

(2)数据分类、编码和归档:数据分类根据数据性质、来源或用途进行,如地质图、样品分析、报告文档等。编码为各类数据分配唯一标识符,便于检索和管理。归档将不频繁使用的长期保存数据转移至专用存储介质,并记录位置和状态。通过这些措施,可以有效组织和管理大量数据,提高利用效率。

(3)实施数据备份和恢复策略:定期备份数据,并存储在不同物理位置,防止单一灾难事件导致数据丢失。备份可为全量或增量(仅备份自上次备份后变化的数据)。恢复策略规定了数据丢失或损坏时的恢复流程、所需资源和时间。通过备份和恢复策略,确保数据持久性和业务连续性。

(4)定期维护和更新系统:包括检查数据完整性和一致性,更新硬件和软件,优化存储结构。同时,监控系统性能,如响应时间、存储容量和用户满意度,确保高效运行。

(5)建立数据存储和管理政策:政策应明确数据管理责任、流程和标准,如采集、处理、存储、访问和销毁等。对数据管理人员进行培训和宣传,提高人员对数据重要性的认识,增强数据安全意识。

二、地质资料评估

1. 完整性评估

地质资料的完整性评估是确保数据全面性和适用性的关键步骤,涉及资料各方面细致的检查和分析。

(1)检查物理完整性:确保所有文字记录、图表、样品等资料齐全,无遗漏或缺失。例如地质报告应包含所有章节和附录,图表完整,样品全部登记并有明确的测试结果。野外调查资料应确认所有计划点位调查完毕,样品采集并有完整记录。

(2)评估逻辑完整性:检查资料间逻辑关系是否正确,数据是否一致,是否存在矛盾或不合理之处。例如地质图中的地层界线应与报告描述相符,样品分析结果应与地质背景一致。若发现矛盾,需进一步调查原因,可能是数据采集或处理错误,或是地质现象复杂性导致的。

(3)评估资料覆盖范围:根据研究目的和任务,确定所需资料的详细程度和范围。例如石油勘探需评估资料是否包含足够的地震、钻井、地层压力测试数据,以判断油气藏的存在和开发潜力;地质灾害评估需检查是否有详细的地形地貌、岩土力学、水文地质数据,以评估风险。

(4)评估时间跨度和空间分布:资料应反映研究区域的地质历史和空间变化。例如地质图应涵盖从古生代到新生代的所有地层,样品采集点应均匀分布,以分析地质特征空间变化规律。若发现资料在时间或空间上存在缺失,则需补充调查或采集更多数据。

(5)评估资料的可比性和一致性:检查不同来源或时间的资料是否可比,数据格式和标准是否一致。例如不同研究机构的地质图应使用相同的地层分类和表示方法,样品分析结果应采用统一的测试标准和方法。若资料间存在可比性和一致性问题,需进行数据转换和标准化处理。

2. 准确性评估

地质资料的准确性评估是保证数据可靠性和科研结论有效性的关键步骤,涉及数据综合分析、对比验证及实地核查等多个环节。

(1)进行数据一致性和准确性对比验证。对比不同来源的数据,包括不同研究机构提供的数据、不同时间采集的数据及不同方法得到的数据等。通过对比验证,识别数据不一致性和潜在错误,提高数据准确性。

(2)采用专业软件进行数据分析。专业软件能处理大量数据,进行复杂数学运算和统计分析,帮助科研人员深入理解数据特性和规律。例如使用地理信息系统(GIS)分析地质图空间数据,识别地层分布规律和构造特征;使用统计软件分析样品数据,评估元素分布特性和变异系数。通过分析评估数据的可靠性与代表性。

(3)对有争议或疑点的数据进行实地核查或重新采集。若数据差异无法通过已有资料解释,需回到野外进行实地调查或重新采集样品测试。例如关于矿体品位数据争议,可直接到矿区勘查,采集新样品进行分析;对遥感数据解释存疑时,可结合地面实际情况验证。实地核查或重新采集时，提供直接证据，有助于解决对数据准确性的争议。

（4）记录和报告准确性评估过程和结果。它不仅是对评估工作的总结，也是对数据质量的证明。评估报告应详细描述评估方法、过程、发现的问题及采取的措施等，并对数据可靠性和代表性给出明确结论，为科研决策提供依据。

3. 科学性评估

（1）科学性评估的第一步是评估地质资料是否基于科学理论和方法。这需要详细审查资料中引用的理论和方法，判断其是否源自权威研究、是否被广泛接受和应用。例如在评估地层年代研究报告时，应检查所使用的同位素测年方法是否为国际公认的标准方法，实验室是否具备相应的资质。如果发现资料中的理论或方法存在缺陷，其结论的可靠性将受到影响。

（2）科学性评估还应检查资料中是否存在主观臆断或不合理推论。科学研究应基于实证数据而非个人臆想。在评估过程中，应对资料中的数据分析、过程推理和结论推导进行仔细审查，确保不存在缺乏证据支持的结论或过度推测。例如如果某份报告仅凭少数样品数据就估算整个矿区的矿产储量，那么该估算可能不够准确，因为少数样品数据可能无法代表整个矿区的情况。通过消除主观臆断和不合理推论，提高地质资料的科学性和可信度。

（3）科学性评估的核心是对资料的结论和建议进行科学论证。这需要深入分析结论和建议的依据，判断其是否基于充分可靠的数据，是否符合逻辑和科学原则。例如在评估地质灾害风险评估报告时，需检查风险分级标准是否合理、风险评估模型是否经过验证、提出的防治措施是否切实可行。如果结论和建议未经科学论证，可能无法有效指导实际工作，甚至导致错误的决策和损失。

（4）科学性评估还应考虑资料的创新性和应用价值。科学研究应探索新理论和新方法，推动地质学发展，同时科研成果应解决实际问题，促进资源合理利用和环境保护。在评估过程中，应评价资料的创新性和应用价值，鼓励原创性研究，提高科研成果的实用性。

4. 实用性评估

（1）明确资料应用的目标和领域是实用性评估的基础。不同的地质工作有不同的目标和需求，因此需要根据具体的应用场景评估资料的实用性。例如在矿产资源勘查中，资料应提供准确的矿体位置、规模和品位等信息；在环境评估中，资料应包含土壤、水和生态系统等环境要素的数据；在地质灾害防治中，资料应提供灾害发生的风险、频率和影响范围等信息。明确目标和领域有助于有针对性地评估资料的实用性。

（2）实用性评估还需考虑资料的详细程度和准确性。资料的详细程度和准确性直接影响其实用价值。在评估过程中，应对资料中的数据精度、分辨率、测试方法等进行仔细审查。例如在地下水污染报告中，需检查污染物浓度测试是否采用标准方法，数据是否具有可比性和可重复性；在滑坡风险评估报告中，需确认滑坡发生的概率和影响范围是否基于充分的地质调查与监测数据。只有详细准确的数据才能为实际工作提供可靠支持。

（3）实用性评估还需考虑资料的时效性和更新频率。地质资料的时效性对于实际应用至关重要,尤其是在灾害预警和资源管理领域。在评估过程中,需检查资料是否反映了最新的地质状况和科学认识。例如在活跃火山区域,需定期更新火山活动数据和监测结果,以便及时预警;在开发矿区时,需及时更新资源量和开采情况数据,以便合理规划和管理。资料过时或更新不及时将大幅降低其实用性。

(4)实用性评估还需考虑资料的可访问性和易用性。实用的地质资料不仅要准确、详细、及时,还要易于获取和使用。在评估过程中,需检查资料存储格式、传播途径、用户界面等是否方便用户使用。例如电子版地质图需支持常用GIS软件,易于下载和打印;地质数据库需要有友好的用户界面,支持快速查询和数据分析[7]。如果资料难以访问或使用复杂,将影响其在实际工作中的应用。

(5)实用性评估需总结资料的优点和局限性,以及可能的改进方向。例如可指出资料在哪些方面提供了重要信息、在哪些方面存在不足,需要进一步研究和补充。同时,可提出具体建议,如增加数据采集点、提高测试准确性、优化数据存储和传播方式等。

三、质量控制与评估体系构建

1. 制定标准和规范

(1)制定标准和规范时,需要进行全面的需求分析,包括了解本地区的地质特征、资源状况、环境问题以及经济社会发展需求等。例如石油勘探地区的地质资料质量控制标准与规范不同于矿产资源丰富的地区,因为两者的研究重点和应用场景不同。需求分析要确保标准和规范具有针对性、实用性。

(2)需要调研国内外相关标准和规范,并进行对比。地质学是全球性学科,许多地质概念和研究方法具有国际通用性。因此,制定标准和规范时需参考国际成熟的质量控制与评估体系,同时结合国内实际情况和法规要求。例如可参考国际地质科学联合会的地质年代分类标准,并结合本国地质特征进行适当调整。调研与对比要确保标准和规范具有科学性、先进性。

(3)制定标准和规范时,需明确地质资料的质量要求,包括数据的准确性、完整性、一致性和可比性等。还需确定地质资料采集、处理、存储、管理的流程和规范,建立质量控制体系,制定评估标准和方法。标准和规范需具体明确、易于理解和执行,以适用于本地区的地质特征,要具有灵活性,随科技进步和经验积累调整更新,通过宣传和培训提高地质工作者的认识与执行力度。

(4)制定的标准和规范需经过实践检验与不断完善。在实施过程中,定期评估、修订标准和规范,确保其适应地质科学发展和社会需求变化。同时,建立反馈机制,收集一线地质工作者和科研人员的意见与建议,使标准和规范更加完善与适用。

2. 实施监督与检查

(1)定期对地质资料的质量控制和评估工作进行监督与检查,确保各项措施得到有效执行。这包括对地质资料的采集、整理、分析等环节进行全面细致的检查,发现并纠正问题,提高地质资料质量。

(2)监督与检查有助于提高地质资料的准确性和可靠性。地质资料是地质工作的基础,其准确性和可靠性直接影响地质工作的成果。定期监督与检查可确保地质资料准确可靠,为地质工作提供可靠数据支持。

(3)监督与检查还促进地质资料管理工作的规范化和标准化。通过发现并纠正问题,推动地质资料管理工作的规范化和标准化,提高地质资料管理人员的业务水平和素质,为地质资料管理工作的持续改进和发展奠定基础。

3.持续改进与提升

(1)在地质资料的质量控制和评估工作中,持续改进与提升是至关重要的环节。这不仅能确保各项措施得到有效执行,还能及时发现问题并采取相应纠正措施,保证地质资料的准确性和可靠性。

(2)持续改进与提升的基础是及时总结质量控制和评估的经验教训。通过对每次质量控制与评估结果的深入分析,找出问题和不足,吸取经验教训,避免今后工作中再次发生类似问题。

(3)在总结经验教训的基础上,需不断完善和优化质量控制与评估体系。修订和完善现有标准、流程与方法,适应地质工作需求变化,加强新标准、新技术和新方法的研究与应用,不断提高地质资料的质量控制与评估水平。

(4)持续改进与提升还需加强与其他部门和单位的沟通合作。地质资料的质量控制与评估工作涉及多个部门和单位,需要各方共同协作。加强沟通与合作,共同研究解决地质资料质量控制与评估中存在的问题,推动地质资料管理工作的发展。

第三章 地质资料的存储与安全

第一节 地质资料存储介质的选择与建设

一、地质资料存储需求分析

在地质资料的存储与管理过程中，技术更新与数据迁移是确保数据安全性和访问效率的关键环节。随着信息技术的迅猛发展，存储与备份技术也在不断演进，为了保持数据的安全性和访问的高效性，紧跟技术前沿并适时引入新技术是必不可少的。同时，随着硬件老化和技术进步，需定期更新存储设备与备份系统，并实施数据迁移计划，这是保证数据安全和提升系统性能的重要措施。

了解技术发展趋势是进行技术更新的基础。信息技术领域变化迅速，新兴存储技术如闪存存储、云存储、软件定义存储以及混合云备份等层出不穷。这些新技术不仅提高了数据存储的效率和可靠性，还降低了管理和运营成本。因此，地质资料管理人员需要通过参加行业会议、订阅专业期刊、交流实践经验等方式，时刻关注并掌握最新技术动态。

在评估并引入新技术时，需要进行详细的需求分析和技术评估。首先，应明确当前地质资料存储与管理的具体需求，如数据量大小、访问频率、安全性要求等。然后，根据这些需求选择合适的技术与设备。例如对于需要频繁访问的数据，可以考虑使用 SSD 或闪存存储来提高访问速度，而对于需要长期存档的数据则可以使用光盘或磁带来降低成本。此外，还需要考虑技术的成熟度、兼容性、扩展性等因素，确保新引入的技术能够与现有系统无缝对接，并支持未来的扩展需求。

定期对存储设备和备份系统进行更新是确保系统稳定性与安全性的重要手段。随着设备使用年限的增长，其性能逐渐下降、故障率上升，可能对数据的可靠性构成威胁。因此，需要制订合理的维护和更新计划，及时修理或更换老化设备。在更新过程中，要确保新旧设备之间的兼容性，以实现平稳过渡，避免服务中断。

数据迁移是技术更新中的一个重要步骤，通过将旧系统中的数据迁移到新的存储设备和备份系统中，可以充分利用新技术的优势，提高数据的存储效率和可靠性。在数据迁移前，需要制订详细的迁移计划，包括迁移时间、步骤和所需资源。选择合适的迁移工具和方法，如专业数据迁移软件，或采用离线迁移、在线迁移等方式。在迁移过程中，要确保数据的完整性和一致性，避免数据丢失或损坏。在迁移完成后，应对新系统进行全面测试，确保数据可正常访问，并满足性能需求。

二、存储介质选择原则

选择合适的存储介质是确保地质资料安全存储、高效访问和有效管理的基础。存储介质的选择不仅影响数据的安全性和可靠性,还直接关系到存储的成本和存储介质的未来扩展能力。因此,在选择存储介质时,需要综合考虑可靠性、容量与扩展性、成本效益、数据恢复能力和环保可持续性等因素。

首先,可靠性是最基本的考量因素。鉴于地质资料的重要性,所选存储介质必须具有高度的稳定性和持久性,能够在各种条件下长期保存数据而不损坏。例如对于需要长期存档的数据,可以选择光盘或磁带等一次性写入介质。这些介质在正常保管条件下,数据保存期限可达数十年甚至更长。

其次,容量与扩展性是选择存储介质时需要考虑的另一个重要因素。随着地质工作的深入和技术的发展,数据量将持续增加。因此,存储介质应具备足够的容量以满足当前及未来一段时间的数据存储需求。同时,存储介质还应具备良好的扩展性,可通过添加存储单元或更换更大容量的介质来轻松扩展存储空间,以适应数据量的增长。此外,还可以采用分级存储策略,将频繁访问的数据放在高速介质上,而将较少访问的数据迁移到低成本的低速介质上,以此提高访问效率和管理便利性。

再次,成本效益是评估存储介质选择的重要指标。在有限的预算内,需综合考虑存储介质的采购成本、运维成本和使用效率,以达到最佳的成本效益。例如虽然固态硬盘价格较高,但其高速读写性能和低功耗特性使其在某些场景下具有较高的性价比;而机械硬盘则因其成本较低、容量较大,适合存储大量不常访问的数据。因此,在选择存储介质时,应根据具体需求和预算,进行细致的成本效益分析,挑选最适合的介质。

另外,数据恢复能力也是衡量存储介质质量的重要标准。在数据存储过程中,可能会遭遇设备故障、人为误操作或自然灾害等情况导致的数据丢失或损坏。因此,所选存储介质应具备良好的数据恢复能力,通过备份、冗余、纠错等手段,降低数据丢失风险,确保数据安全。例如 RAID 技术可以通过磁盘阵列实现数据冗余和错误校正,提高数据安全性;云存储服务则利用分布式存储和多副本备份技术,提供强大的数据恢复能力。

最后,环保与可持续性是近年来越来越受到重视的因素。在选择存储介质时,还应考虑其对环境的影响和可持续性。例如虽然固态硬盘性能优异,但废弃后可能对环境造成污染,相比之下,机械硬盘因具有更好的可回收性而受到青睐。此外,还可以考虑使用绿色节能存储设备和技术,如智能休眠、按需供电等,以降低能耗和减少碳排放。

三、存储系统建设

1.硬件设施建设

构建地质资料存储系统时,硬件设施建设是基础和关键,直接决定了系统的性能、可靠性和扩展能力。选择合适的服务器、存储设备和网络设备,并设计合理的存储架构,是确保存储系统满足地质资料存储与管理需求的前提。

服务器是存储系统的核心，负责数据处理和存储管理。选择服务器时，需考虑其处理能力、稳定性和兼容性。处理能力取决于 CPU 性能、内存大小和 I/O 速率，这些因素共同影响服务器处理任务的速度和效率。稳定性关系到服务器的故障率和持续运行时间，尤其在需要长期稳定运行的地质资料存储场景下尤为重要。兼容性则确保服务器支持各种操作系统和应用程序，并与现有存储设备和网络设备兼容。

存储设备是数据存储的核心，包括硬盘、阵列、磁带库等。选择存储设备时，需考虑设备的容量、性能、可靠性和扩展性。容量应满足当前及未来一段时间的数据存储需求，避免频繁扩容或更换设备。性能影响数据的读写速度，对于需要频繁访问的地质资料，应选择高性能的存储设备。可靠性决定数据的安全性，应选择具有数据冗余、纠错和备份功能的存储设备。扩展性则支持存储系统的后期扩容，满足数据量增长的需求。

网络设备，如交换机、路由器、防火墙等，构成了存储系统的网络连接，负责数据传输与通信。选择网络设备时，需考虑设备的传输速率、稳定性、安全性和可管理性等因素。传输速率应与服务器和存储设备的速率相匹配，避免成为瓶颈。稳定性确保数据传输的连续性和可靠性。安全性确保数据在传输过程中不被非法访问或篡改。可管理性则方便对网络设备的监控与维护。

在硬件设施建设的基础上，设计合理的存储架构是确保系统高效性和可扩展性的关键。存储架构应考虑数据访问模式、存储介质特性和业务需求等因素。例如对于需要频繁访问的地质资料，可采用 SAN 架构，通过高速网络连接服务器和存储设备，实现快速数据访问；对于不常访问的资料，则可采用 NAS 架构，将资料存储在网络共享设备上，降低成本。同时，还可以采用分级存储策略，根据数据的重要性和访问频率，分布存储在不同级别的介质上，提高存储效率并降低成本。

2. 软件平台建设

一个完善的软件平台不仅可以实现存储资源的集中管理和优化配置，还能集成数据备份与恢复系统，确保数据的安全性和可恢复性。通过精心规划和实施软件平台建设，可以大幅提升地质资料的存储效率和管理水平，为地质工作的顺利进行提供有力支持。

部署高效的存储管理软件是软件平台建设的核心。存储管理软件作为存储系统的"大脑"，负责对存储资源进行统一监控、分配和管理，确保数据高效访问和安全存储。选择存储管理软件时，需考虑其兼容性、功能性和易用性。兼容性可确保软件与不同硬件设备和操作系统无缝集成，支持各种存储协议和标准。功能性则要求软件具备丰富的存储资源管理、性能监控、容量规划等功能，满足不同业务场景的需求。易用性则体现为界面友好和操作简便，便于管理人员快速上手和维护。

存储管理软件的部署需遵循一定的步骤和规范。首先，进行需求分析，明确所需功能和目标。其次，选择合适的软件产品并安装配置。在配置过程中，根据实际存储环境和需求设置合理参数和策略，如存储资源分配策略、性能监控阈值等。再次，进行软件测试和优化，确保其正常运行并达到预期效果。最后，将软件纳入日常维护和管理体系，定期检查和更新，以保障长期稳定运行。

数据备份与恢复系统是确保数据安全性和可恢复性的关键措施。数据备份与恢复系统应与存储管理软件紧密结合，共同构建强大的数据保护屏障。选择数据备份与恢复系统时，需考虑其备份方式、恢复速度和操作简便性。备份方式包括全量备份、增量备份和差异备份等，应根据数据的重要性和变化频率选择合适方式。恢复速度影响数据丢失或损坏时的恢复效率，对于重要数据应选择恢复速度快的解决方案。操作简便性则会降低管理人员的工作难度，提高备份和恢复操作的准确性与可靠性。

数据备份与恢复系统的集成需与存储管理软件无缝对接。首先，确定备份策略，包括备份频率、时间和保留期限等。其次，选择合适的备份介质和设备，如磁带库、磁盘阵列等。再次，配置备份与恢复系统，设置备份任务、恢复路径等关键参数。最后，进行备份与恢复测试，确保数据丢失或损坏时能够及时准确地恢复。

3. 数据迁移与整合

随着技术发展和需求增加，数据迁移与整合在地质资料存储和管理中变得至关重要。这一过程不仅涉及将现有地质资料从旧存储系统迁移到新系统中，还包括对数据进行清洗和整合清洗，以提高数据质量和利用价值。通过有效的数据迁移与整合，可以实现数据集中管理，提升数据安全性和可访问性，为地质研究和决策提供更准确、全面的数据支持。

数据迁移是一项复杂而细致的工作，要求在迁移过程中确保数据的完整性、准确性和一致性。迁移前需对现有地质资料进行全面评估，包括对数据类型、格式、存储方式及质量等的评估。然后制订详细的迁移计划，明确目标、步骤、所需资源和时间表。迁移过程中，采用合适的工具和技术，如数据迁移软件、ETL工具等，确保数据顺利从旧系统转移到新系统中。同时，确保新系统的稳定性和可靠性，支持大量数据的存储和快速访问。

数据迁移完成后，须对迁移后的数据进行验证，确保数据完整性和准确性未受影响。可通过对比迁移前后数据记录、检查哈希值等方式实现。若发现问题，必须及时修复或重新迁移。

数据整合是数据迁移的后续步骤，目的是将不同来源、格式的数据统一整理加工，提高数据质量和利用价值。数据整合包括数据清洗、转换、融合等步骤。数据清洗是去除错误、冗余和不一致的信息，提高数据的准确性。数据转换将数据从一种格式转换为另一种，便于存储和处理。数据融合将多个数据源合并，形成完整数据集，便于综合分析和利用。

在数据整合过程中，需注意数据安全和隐私保护。对于敏感数据，必须进行加密或脱敏处理，防止泄露或非法利用。同时，需考虑数据版权和知识产权问题，确保数据合法使用。

4. 性能优化与监控

为了实现这一目标，对存储系统进行性能优化与实施系统监控和报警机制是必不可少的环节。通过精细的性能调优，可以显著提升数据的访问速度和响应时间，增强用户体验。而通过全面的系统监控和及时的报警机制，则能够迅速发现并处理潜在问题，保障存储系统的稳定运行。

性能优化是一个系统性过程,涉及存储系统的多个方面。需对存储系统进行全面性能评估,识别存在的性能瓶颈和优化点。这包括监测服务器 CPU 使用率、内存占用、磁盘 I/O 等关键指标,以及检测网络设备传输速率、延迟、丢包率等参数。通过这些评估,可以了解存储系统在处理数据请求时的表现及可能存在的瓶颈。

确定优化点后,实施具体优化措施。这些措施可能包括硬件升级,如增加 CPU 数量、扩大内存容量、更换更快的磁盘等,以提高数据处理和存储能力。也可能是对存储设备的优化,如采用更高效地存储介质、调整读写策略、使用缓存技术等,以减少访问延迟。此外,还可通过优化数据库索引、调整查询语句、使用分布式存储等方法,提升数据检索效率。

除硬件和设备层面的优化外,软件层面也是性能优化的重点。例如通过优化存储管理软件配置参数,如调整缓存大小、设置合理数据块大小等,提升系统整体性能。同时,利用数据压缩、去重等技术,减少存储空间和传输量,加快访问速度。

仅仅进行性能优化还不够,还需建立完善的系统监控和报警机制,确保存储系统稳定运行。系统监控涉及实时监测存储系统各组件和服务状态,包括服务器运行状态、存储设备健康状况、网络设备连通性等。这些监控数据帮助管理人员了解系统实时运行情况,及时发现潜在问题。

报警机制在监控到异常情况时,能够及时通知管理人员处理。可通过设置阈值实现,当监控指标超出预设范围时,系统触发报警,提示管理人员处理。例如当服务器 CPU 使用率持续过高时,可能表明负载过大,需及时调整;当磁盘空间不足时,可能需要扩容或清理文件;当网络设备发生故障时,需立即修复。

第二节 地质资料的存储与备份策略

一、地质资料存储策略

1. 选择合适的存储介质

在地质资料存储策略中,选择合适的存储介质至关重要。根据地质资料的特点和使用需求,可选用多种存储介质以确保数据的安全、可靠与高效。

(1)磁带存储:作为传统存储方式,磁带适合长期保存地质资料。磁带具有稳定性好、成本低廉、安全性高等特点,适合存放需要长时间保存的数据。此外,磁带存储还能实现大容量数据的备份与恢复,为地质资料的长期存档提供保障。

(2)硬盘存储:适用于频繁访问的地质资料,因其具备读写速度快、容量大、技术成熟等优势。硬盘能够快速处理数据,满足地质工作中数据处理与分析的需求。随着硬盘容量的增加,存储大量地质资料变得更加便捷。

(3)光盘存储:适合长期保存但不常访问的地质资料。光盘具有高耐久性、非易失性、易于刻录等特点,能将数据刻录在光盘上,避免因环境因素导致数据损坏。光盘存储还具有较好的兼容性和便携性，便于地质工作者在不同地点交换和共享数据。

（4）云存储：作为一种新兴的存储方式，云存储具有弹性扩展、高可用性、跨平台访问等优点，适合大规模地质资料的远程存储与共享。通过云存储，地质资料可以存储于网络服务器上，以实现远程访问和共享，同时支持数据备份与恢复，提升数据的安全性与可靠性。

（5）分布式存储：适用于大规模地质资料的分布式处理与存储。分布式存储将数据分散在多个节点上，可实现数据冗余与高并发访问，提高地质资料的处理效率与存储能力，满足大规模地质数据处理与分析的需求。

（6）混合存储：结合多种存储介质的优点，实现地质资料的高效存储与访问。通过混合存储，可根据地质资料的特性和使用需求选择最合适的存储介质，达到高效存储与访问的目的。

2. 数据存储环境控制

良好的存储环境对于确保数据的安全与可靠至关重要。在地质资料存储策略中，需特别关注存储环境的控制，确保存储环境的温度、湿度、防尘、防磁等方面符合规范要求。

（1）温度控制：存储设备的性能受温度影响较大，过高或过低的温度都会影响设备性能，甚至导致设备损坏。因此，需控制存储环境温度在适宜范围内，一般建议保持在 18～25℃ 之间。

（2）湿度控制：湿度对存储设备的影响也不容忽视，过高或过低的湿度都可能损害设备。适宜的湿度范围通常为 40%～60%，湿度过高会导致电路短路，过低则可能引发静电损害。

（3）防尘措施：灰尘会影响设备散热性能，甚至导致电路短路。故必须定期净化存储环境，保持无尘或少尘状态，这样有助于延长设备使用寿命。

（4）防磁措施：磁场会对存储设备，尤其是磁性介质造成影响。应将存储设备远离强磁场，免受磁场干扰。

（5）定期检查：定期检查存储设备的工作状态，如外观是否有损坏、能否正常启动运行、数据读写是否正常等。通过定期检查，可以及时发现并解决设备问题，确保存储数据的安全。在检查过程中，如发现设备存在问题，应及时更换损坏部件、修复电路、恢复数据，并进行数据备份与恢复测试，确保在设备出现问题时能够迅速恢复数据。

3. 数据分类与编码

地质资料的分类与编码是存储管理的基础，不仅关系到数据管理效率，还直接影响数据的安全性、可靠性及后续分析利用。科学、系统地对地质资料进行分类整理，并按类型、来源、时间等属性进行编码，是建立高效地质资料管理系统的关键。

（1）分类：地质资料应按其内在属性和用途进行分类。例如地质资料按性质可分为地质图件、地质报告、数据库、实验测试结果等；地质资料按来源可分为野外调查资料、实验室分析数据、历史档案资料、遥感解译数据等。此类别划分有助于区分数据的性质与用途，并便于根据不同来源的数据采取相应的管理策略。

（2）编码：编码是实现高效数据管理和快速检索的重要环节。一个良好的编码系统能反映地质资料的分类体系，并为每份资料赋予独一无二的标识符。例如"类型-来源-年份"的编码方案,如"GM－YW－2023",代表2023年野外工作的地质图件。此编码方式不仅确保数据的唯一性,还便于通过编码快速了解数据的属性,提高检索效率。

(3)目录结构与索引系统:基于数据分类与编码建立完善的目录结构和索引系统,是实现快速数据检索与定位的关键。目录结构将分类和编码后的数据以层级化、目录化形式组织,方便识别与访问。索引系统则通过关键词、主题词、时间、地点等多种索引项提供快速定位途径。在数字化环境中,这些功能通常由数据库管理系统实现,利用其强大的查询和检索功能,可实现对海量地质数据的秒级检索。

现代信息技术提供了诸如元数据标准、数据挖掘技术、云计算与大数据技术等先进工具和方法,进一步提升数据检索与定位效率,为地质科研与决策提供支持。

二、地质资料备份策略

1. 备份频率与时间选择

合理的备份计划要基于地质资料的重要性和更新频率确定,旨在防止数据丢失或损坏,确保地质工作的连续性和可靠性。

(1)重要数据:对于频繁更新的重要数据,如地质调查项目数据、实时监测数据、关键地质数据库,推荐采用实时备份或定期自动备份。实时备份是在数据发生变化时立即进行备份,适用于对数据安全性要求极高的场合;定期自动备份则是在固定时间间隔(如每小时、每天或每周)自动执行备份任务。无论采用哪种方式,都要确保备份系统的稳定性和备份数据的安全性。

(2)次要数据:对于不常更新或影响较小的历史资料、已发表的研究成果等,可适当降低备份频率。这类数据可采取每日、每周或每月备份一次的策略。这样既能保证数据安全,又能节约存储空间和系统资源。此类备份可在非工作时间(如夜间或周末)进行,以减少对正常工作的干扰。

备份频率的确定还需考虑数据更新规律和业务需求变化。例如在项目关键阶段或数据处理高峰期,可临时增加备份频率;在数据稳定期,则可适当降低频率。备份时间应选择在系统负载较低、网络使用较少的时段,以避免影响正常业务运作。

实施备份计划时,应考虑备份数据的存储介质和位置。建议采用多种介质备份(如硬盘、磁带、云存储),并存储在安全位置(如防火、防水保险柜或专业数据中心),或利用云服务的冗余存储功能提高数据安全性。

定期评估和调整备份计划,确保其持续有效性。随着地质工作的进展和技术环境的变化,原有的备份计划可能不再适应新的业务需求和技术条件。因此,定期评估备份计划的有效性,并根据最新的业务需求和技术环境进行调整,是确保备份计划持续有效的关键。

2. 多层次备份机制

多层次备份机制要结合本地备份、远程备份与离线备份,以提高数据安全性。

(1)本地备份:将地质资料备份在本地存储介质上,如服务器硬盘、NAS设备或外部存储设备等。优点是备份速度快、恢复方便,但面临自然灾害风险。因此,资料备份不能仅依赖本地备份。

(2)远程备份:通过网络将数据备份到远离本地的远程存储设备或数据中心。远程备份可自动实现,且不受本地灾难影响,但需考虑网络带宽与稳定性。现代网络技术和云存储服务已提供稳定高效的远程备份解决方案。

(3)离线备份:将数据备份到离线存储介质上,如磁带、光盘等。离线备份不依赖电力与网络,在电力故障或网络攻击的情况下仍能保持数据安全。缺点是备份与恢复速度较慢,适用于长期保存和归档。

多层次备份机制的实施需考虑备份频率、时间、存储介质与位置等因素。例如本地备份可每日进行,远程备份每周一次,离线备份每月或每季度一次。备份时间应避开高峰时段,以减少对正常工作的影响。存储介质选择需考虑数据容量、备份与恢复速度及成本效益等因素。存储位置要确保安全可靠,特别是远程与离线备份位置应远离本地,以防本地灾难影响远程备份数据的安全。

根据数据重要性和更新频率,优先进行本地与远程备份,以确保数据的实时性与可用性。次要数据可适当降低备份频率,甚至仅做离线备份。定期检查与测试备份数据的完整性和可恢复性,通过恢复演练确保在真正灾难发生时能迅速、有效地恢复数据。

3.备份数据的验证与恢复测试

备份数据的验证与恢复测试是确保数据安全与可靠性的关键环节。备份的目的是在原始数据丢失或损坏时能够快速、有效地恢复数据,而备份数据的验证则是确保备份数据完整、准确、可用的必要手段。

(1)备份数据的验证:主要目的是确认备份数据完整、可用且未受损或感染病毒。验证过程包括检查文件大小、日期、属性等信息,使用校验和哈希算法检测数据变化。对于磁带存储,还需检查物理状况;对于光盘存储,则需检查表面划痕或污渍。

(2)恢复测试:通过模拟数据丢失或损坏场景定期验证恢复流程的正确性和恢复效果的可靠性,从而提高数据恢复的成功率。测试应选择不同时间点的备份数据集,记录恢复时间、数据完整性和准确性及遇到的问题与解决方案。

恢复测试频率根据业务重要性和数据更新频率确定。关键业务和频繁更新数据建议每季度测试一次,次要业务和不常更新数据则每年测试一次。测试应在业务低峰时段进行,不影响正常业务。

测试环境应模拟真实业务环境,包括硬件配置、操作系统、应用程序等,确保测试结果具有实际意义。详细记录测试过程,包括操作步骤、使用工具、遇到的问题及解决方案,便于后续跟踪与改进。

三、技术更新与数据迁移

在当今信息化和智能化的时代背景下,技术更新与数据迁移对于地质资料的存储和管理至关重要。随着科技的进步,存储和备份技术也在不断革新与完善。为了确保地质资料的安全性和高效管理,有必要密切关注存储与备份技术的最新发展趋势,并及时评估和引入新技术。

存储与备份技术是地质资料存储管理的基础。传统的存储设备与备份系统常常面临容量有限、性能不足及安全性差等问题,无法满足日益增长的海量地质数据存储与备份需求。因此,定期对存储设备和备份系统进行更新换代,以保证系统的稳定性和安全性变得尤为重要。通过采用新的存储设备和备份系统,可以显著提升地质数据的存储效率和安全性,从而为地质科学研究和资源开发提供坚实的支持。

在技术更新的过程中,数据迁移计划的制订与执行同样重要。旧系统中的数据通常包含大量有价值的历史信息和经验,对于地质科学研究和资源开发来说具有重要的参考价值。因此,有必要将这些数据迁移至新的存储设备和备份系统中,以确保数据的完整性和可用性。数据迁移不仅涉及数据的转移和格式转换,还包括数据的净化、整理等工作。通过有效的数据迁移计划,可以将旧系统中的数据无缝对接到新的存储设备和备份系统中,从而为后续的数据分析与挖掘提供丰富且高质量的数据资源。

第三节　地质资料的访问权限管理

一、访问权限管理目标

第一,防止未经授权的访问是访问权限管理的首要任务。地质资料通常包含大量敏感信息,如矿产资源分布、地下水文状况以及土壤成分等,这些信息对国家安全、经济发展以及环境保护等方面具有重大影响。因此,确保这些资料不会落入未经授权的人员手中至关重要。通过实行严格的访问权限管理,可以有效地限制可访问地质资料的用户群体,确保只有获得授权的人员才能接触这些资料。

第二,防止数据泄露同样是访问权限管理的一个重要目标。数据泄露不仅可能导致地质资料的丧失,还可能带来难以估量的负面后果,如影响国家矿产资源的开发利用、威胁地下水资源的安全等。通过访问权限管理,可以监控和审计用户的访问行为,及时发现并处理潜在的数据泄露风险。例如可以启用访问日志记录功能,记录用户访问地质资料的时间和内容,以便在数据泄露事件发生时进行责任追溯;还可以利用加密技术对地质资料进行加密存储和传输,确保即使数据被非法获取也无法被解读或利用。

第三,确保数据的合规使用也是访问权限管理的重要组成部分。地质资料的使用必须遵循相关法律法规和政策要求,如《中华人民共和国保守国家秘密法》和《地质资料管理条例》等。通过访问权限管理,可以实现对用户操作权限的精细化控制,确保用户只能按照规定的程序和要求使用地质资料。例如可以设定不同的用户角色和权限等级,限制用户对地质资料的修改和删除权限;还可以采用数字签名技术对用户的操作进行认证和审计,确保操作的合法性和可追溯性。

第四,访问权限管理还有助于提升工作效率和促进协同合作。通过合理的权限分配和高效的协作机制,可以确保团队成员能够迅速、便捷地获取所需的地质资料,从而提高工作效率;同时,通过权限管理实现的跨部门、跨区域的数据共享和协同编辑,可以促进不同团队之间的合作与交流,推动地质资料的综合利用和深入挖掘。

第五,访问权限管理还能提升组织的形象和信誉。一个严密、完整的访问权限管理体系不仅能体现组织对信息安全的高度重视,还能展示其对合规性的坚持以及对用户隐私权的尊重。这将有助于提升组织在合作者和公众心中的形象与信誉,为其长远发展打下坚实基础。

二、访问权限管理原则

在实施访问权限管理时,遵循一定的原则是确保系统安全和高效运行的基础。这些原则不仅有助于保护地质资料的完整性和机密性,还能有效防范潜在的安全威胁。以下是访问权限管理中的几个关键原则。

1. 最小权限原则

最小权限原则是访问权限管理的核心原则之一。这一原则强调用户仅应被赋予完成其职责所必需的最小权限集,避免用户拥有超出其职能范围的权限。这是因为用户的权限越大,其误操作或故意不当操作对系统造成的潜在损害也就越大。因此,在实际操作中,需要对每位用户的权限进行细致管理,确保每位用户仅能访问其履行职责所需的数据和资源[8]。例如对于一名仅负责数据录入的员工,无需授予其修改或删除数据的权限;而对于需要分析数据的员工,则可以授予其相应的数据查看和统计权限。通过这种方式,即使某个用户的账号被泄露或遭到攻击,攻击者也无法获取超出该用户权限范围的数据和资源,从而降低系统的整体风险。

2. 职责分离原则

职责分离原则是访问权限管理中不可或缺的部分。这一原则要求将敏感任务分配给不同的用户或角色,以降低单一用户或角色拥有过多权限的风险。在实际应用中,可以根据员工的具体职责和角色,为其分配相应的权限。例如对于涉及数据修改和删除等敏感操作的任务,可以将其分配给多位用户或角色共同完成,每位用户或角色只能执行其中的一部分操作,从而避免单一用户或角色拥有完整的权限链。这样即使某个用户或角色出现了安全问题,也不会对整个系统造成严重影响。同时,职责分离原则还有助于提高系统的安全性和可靠性,因为它要求多个用户或角色共同参与到敏感任务的执行中,避免了单点故障的发生。

3. 审计与监控原则

审计与监控原则是访问权限管理的有力保障。这一原则要求对所有访问活动进行记录和监控,以便追踪和审查。通过审计与监控功能,可以实时掌握用户对系统的访问情况,包括访问时间、访问地点、访问内容等。一旦发现异常访问行为或安全事件,可以通过审计记录迅速定位问题并采取相应措施进行处理。此外,审计与监控原则还有助于满足合规性要求,因为许多行业都要求对敏感数据进行访问控制和审计跟踪。通过实施这一原则,可以确保系统的合规性并降低法律风险。

三、访问权限管理框架

1. 用户管理

在构建一个安全、高效的访问权限管理系统时,用户管理是其核心组成部分。它确保只有合适的、已授权的用户能够访问特定的资源和数据。用户管理通常涉及两个关键过程:用户注册与身份验证及用户角色划分。

(1)用户注册与身份验证是用户管理的第一步,也是确保系统安全性的基础。当新用户加入组织或系统时,他们需要通过一个注册流程,通常包括提供个人信息、联系方式以及必要的身份证明文件。此阶段的主要目的是为每个用户创建一个唯一的身份标识作为其在系统中的识别标志,如用户名或员工编号。完成注册后,用户需要通过某种形式的身份验证来确认其身份。这可以是传统的用户名和密码组合,也可以是更安全的多因素认证,如结合密码、短信验证码以及生物特征等多重验证方式。一旦用户成功通过身份验证,他们就会被授权访问其权限所允许的资源。

身份验证机制的设计至关重要,它需要足够强大以抵御未经授权的访问尝试,同时也要考虑用户的便利性和系统的可用性。例如在设定密码策略时,可以规定复杂度要求和定期更换密码的规则,或者采用动态口令技术以提高安全性。在更高层次的安全要求下,多因素认证成为首选,因为即使某一种认证因素被破解,攻击者仍然无法获得系统的访问权。

(2)用户角色划分对于实现最小权限原则和职责分离原则至关重要。角色可以根据用户的工作职责、工作内容、所属部门等因素来定义。每个角色都会被赋予一定的权限集,这些权限直接关联到用户可以访问和操作的系统资源。例如管理员可能拥有对系统全局设置和用户账户管理的完全访问权,而访问用户可能只能访问特定的数据集和使用分析工具。合作单位人员则可能仅限于访问与其合作项目直接相关的资料和使用相关功能。

角色的划分不仅简化了权限的管理,也极大地提高了系统的安全性能。通过对角色而不是个别用户进行权限分配,可以更容易地控制和审计谁可以访问什么资源。同时,当用户的工作职责发生变化时,只需更改其角色即可快速适应新的权限需求。此外,这也促进了职责分离,防止任何单个用户或角色过度集中权力,从而减少内部欺诈和误操作的可能性。

2. 角色管理

在访问权限管理系统中,角色管理是实现高效且安全的权限分配的关键。角色可以视为权限的集合,通过将权限与特定的工作职责或职能关联,简化了对用户的权限授予与管理。角色管理通常包括角色定义、角色分配及角色继承与组合等几个关键过程。

角色定义是角色管理的首要步骤,其核心任务是明确每个角色的职责和权限范围。这涉及对组织内部各种职能和工作职责的细致分析,以确保每个角色都有清晰、明确的职责和所需权限。例如在地质资料管理系统中,可以定义"数据分析师""地图制作师"等角色。"数据分析师"可以被授予数据查询、数据分析等权限,而"地图制作师"则可以获得数据导出的权限和地图制作工具的使用权限。通过这种方式,可以确保每个用户都拥有完成其工作所需的权限,同时避免过度授权。

角色分配是角色管理的核心环节,其主要任务是根据用户的工作职责和需求,为其分配相应的角色和权限。这一过程需要仔细考虑用户的工作内容和需求,以确保他们能够获得完成工作所需的最小权限集合。例如对于新加入的地质研究人员,可以根据其研究方向和具体任务为其分配"数据分析师"或"地图制作师"等角色,并授予其相应的权限。这样,研究人员就可以在其权限范围内方便地访问和使用地质资料,从而提高工作效率。

角色继承与组合是角色管理的高级功能,它们支持在复杂的权限关系下进行灵活的管理。角色继承允许在一个角色的基础上创建新的角色,并自动继承原有角色的权限。这有助于减少重复的权限设置工作,提高管理效率。例如可以定义一个基本的"研究人员"角色,包含一些通用的地质资料访问权限。然后,在此基础上创建"高级研究人员"角色,通过角色继承自动获得"研究人员"的所有权限,并额外添加一些高级功能的使用权限。

角色组合则允许将多个角色的权限集合合并在一起,以满足特定用户群体的需求。这在一些跨部门、跨职能的工作场景中尤为有用。例如对于一个同时负责数据分析和地图制作的用户,可以将"数据分析师"和"地图制作师"两个角色的权限组合起来,为其创建一个包含两个角色权限的综合角色。这样用户就可以在一个角色下完成多个相关的任务,避免频繁切换角色的麻烦。

3. 权限管理

在构建一个高效且安全的访问权限管理系统中,对用户操作权限的精确管理是至关重要的。这涉及3个关键方面:权限分类、权限分配、权限变更与回收。每个方面都需要慎重考虑并妥善实施,以确保资料的安全和组织的顺畅运作。

(1)权限分类是权限管理的基础。不同的工作职责和任务通常需要不同级别的访问权限。例如在地质资料管理中,权限可以分为数据查看、数据下载、数据编辑等类别。数据查看权限允许用户查看地质资料的详细信息,适用于需要进行数据分析的用户;数据下载权限允许用户将数据下载到本地进行进一步分析,适用于需要进行深入数据处理的用户;数据编辑权限则允许用户对数据进行修改和更新,这通常是为数据管理员或高级研究人员保留的[9]。这样的分类确保了只有需要特定数据操作的用户才能执行相关任务,从而保护数据不被不当操作或滥用。

(2)权限分配是实现权限管理的关键步骤。它涉及根据用户的角色和工作需求,为其分配具体的权限。这一过程需要仔细评估用户的职责和所需完成的任务,以确保他们获得必要的权限,同时不会过度授权。例如对于一名地质分析师,可能授予其数据查看和下载权限,以支持其日常工作;而对于项目经理,除了查看和下载权限外,还可能需要授予其编辑权限,以便对项目资料进行更新和管理。通过这种精细化的权限分配,能够确保每个用户都能获得其完成工作所需的最小权限集合,从而在保障工作效率的同时,最大程度地确保数据安全。

(3)权限变更与回收是权限管理中不可忽视的环节。随着用户职责的变化或安全需求的转变,及时调整用户的权限是非常必要的。例如当用户转换岗位或离开组织时,他们原有的某些权限可能不再适用,这时就需要及时回收这些权限。另外,如果用户的工作内容发生变化,可能需要额外的权限来支持新任务,这就需要及时变更权限。为了有效管理这一过程,系统应具备灵活的权限变更与回收机制,允许管理员根据实际情况快速调整用户权限。此外,系统还应记录每次权限变更的详细日志,以便审计和追溯。

四、访问权限控制机制

1.访问权限控制策略

在确保地质资料的安全性和合规性方面,制订并实施有效的访问权限控制机制至关重要。访问权限控制机制的核心在于明确界定哪些用户或角色可以访问特定的地质资料以及他们能够执行的操作。这不仅涉及用户身份的验证,还包括对不同身份所赋予的权限进行精细管理。为了实现这一目标,需要采取多种访问控制策略,如基于角色的访问控制(RBAC)和基于属性的访问控制(ABAC)等。

基于角色的访问控制是一种广泛应用的访问控制模型,该模型的权限不是直接赋予用户,而是赋予角色。每个角色代表了完成特定任务所需的一组权限,而用户则根据其职责被指派一个或多个角色。例如在地质资料管理系统中,可以定义"数据录入员""数据分析师"和"审核员"等角色。每个角色都将拥有特定的操作权限,如"数据录入员"可能仅有录入和修改数据的权限,"数据分析师"则有权查询和分析数据,而"审核员"则负责核实数据的准确性和完整性。通过这种方式,可以确保只有具备相应角色的用户才能访问和操作其被授权的数据。

基于属性的访问控制提供了一种更为灵活的权限管理模式,它通过评估用户的特定属性(如职位、部门、工作地点等)以及环境条件(如时间、位置等)来动态地决定是否授予用户对资源的访问权限。例如一位在特定部门工作的用户,可能仅在办公时间内被允许访问敏感的地质资料。这种模型特别适用于涉及大量用户和复杂业务逻辑的大型企业环境,因为它能够提供细粒度的访问控制,同时适应不断变化的业务需求。

在实施访问权限控制策略时,还需要考虑其他几个重要因素。首先,保证数据的安全性和隐私保护。所有的访问控制机制都应遵循最小权限原则,确保用户仅能访问完成其工作所必需的最少数据。其次,系统应具备审计和监控功能,以便记录和跟踪所有对敏感数据的访问尝试,不论是授权的还是未授权的。这不仅有助于及时发现潜在的安全威胁,同时也为满足合规性要求提供了必要的审计记录。

此外,访问权限控制策略的制定和执行还应考虑到易用性、灵活性。过于复杂的权限管理可能会导致管理效率低下,提高出错概率。因此,设计一个直观且易于管理的访问权限控制界面对于提高系统的整体可用性至关重要。同时,系统应能够适应组织结构和业务流程的变化,轻松调整角色定义和权限分配,以保持访问控制的灵活性。

2.访问控制实施

在系统层面实施访问控制策略时,首要任务是通过身份验证和权限检查,确保只有经过授权的用户才能访问特定资源。在这个过程中,每个用户在登录系统时都必须通过严格的身份验证。这可能包括传统的用户名和密码验证,也可能采用更先进的生物识别技术,如指纹扫描或面部识别等。一旦身份验证成功,系统将根据用户的角色和属性分配相应的访问权限。例如对于一个被指定为"数据分析师"的用户,系统将授予其对特定数据集的读取和分析权限,但不允许其执行更高级别的数据修改或删除操作。

基于角色的访问控制不仅简化了权限管理流程,还提升了系统的安全性。当用户的工作职责发生变化时,只需要调整其角色即可迅速地更新其权限集,而无需逐一手动修改各项权限设置。此外,系统应支持白名单和黑名单机制,允许管理员定义哪些 IP 地址或设备能够访问特定资源,从而进一步限定访问范围。

对于敏感操作,如数据修改、系统配置更新等,需要采取额外的安全控制措施。在这方面,多因素认证尤为重要。例如除了标准的用户名和密码之外,系统可能还需要用户通过手机接收一次性验证码,或是使用动态令牌来进一步验证其身份。这种多层次的验证机制大大增强了账户的安全性,即使其中一个认证因素被破解,攻击者也难以获得系统的全面控制权。

操作审计是另一项重要的安全控制措施。系统应记录所有敏感操作的详细日志,包括操作时间、操作者身份、操作内容以及操作结果等信息。这些日志不仅为管理员提供了对系统活动的实时监控手段,还为事后的分析和调查提供了宝贵的信息。当检测到异常行为时,如频繁的登录失败或非正常时间段的数据访问等。

3. 访问日志与审计

在确保地质资料管理系统的安全性和合规性方面,访问日志的记录与审计发挥着至关重要的作用。这一过程涉及对所有用户活动的详细跟踪与监控,从而为系统的安全状况提供了一个清晰的画面。访问日志不仅仅记录用户的登录和退出操作,还包括用户每次访问文件、查询数据、下载资源以及进行任何形式的数据处理活动的情况。这些记录就像一系列详细的快照,记录了谁在何时做了什么,从而为系统的安全策略提供实质性的依据。

具体来说,访问日志应详细记录用户的识别信息、访问的具体时间、被访问的资源、执行的操作类型以及操作的结果。例如在地质资料管理中,如果一名用户试图下载一份敏感的地质调查报告,系统将记录该用户的用户名、下载时间、报告的名称及其存储位置,以及下载是否成功的详细信息。这些信息对于理解用户的行为模式和检测异常活动至关重要。

除了实时记录之外,定期对访问日志进行审查和分析也是确保系统安全的重要环节。这个过程涉及对大量数据的深入挖掘与分析,旨在识别潜在的安全威胁或违规行为。通过对比历史数据与当前活动,分析人员可以发现异常行为,如在非常规时间段的系统访问、频繁的登录失败尝试或不寻常的数据下载行为等。一旦检测到这些异常活动,系统管理员可以迅速采取措施,如暂停账户、重置密码或增加额外监控。

审计过程的另一个重要方面是合规性检查。许多行业都有严格的数据保护和隐私标准,要求对数据访问进行严格的控制与监视。通过定期审查访问日志,组织可以确保其运营符合这些标准,并在必要时提供审计证据以证明其合规性。这不仅有助于避免高昂的合规性罚款,还增强了客户和合作伙伴对组织的信任。

然而,访问日志的有效管理和分析也面临着挑战。随着系统的不断扩大和复杂化,日志数据量急剧增长,手动审查变得不切实际。因此,许多组织采用自动化工具和技术来辅助日志分析。这些工具利用先进的算法筛选、分类和优先处理安全事件,帮助管理员专注于最有可能构成威胁的部分。此外,机器学习和人工智能技术的应用也在不断提升日志分析的准确性和效率。

五、特殊地质资料的访问权限管理

在地质资料管理过程中,对涉密或敏感信息的访问控制至关重要,因为这些信息通常具有极高的价值和敏感性。这些信息一旦泄露或被不当利用,可能会对国家安全、企业竞争力以及环境保护产生严重影响。因此,制订一套更为严格的访问权限管理策略显得尤为重要。这套策略不仅应确保只有授权用户才能访问这些特殊资料,还应保证资料在存储与传输过程中的安全性和完整性。

加强身份验证机制是特殊地质资料访问权限管理的首要措施。对于涉及敏感信息的用户,除了基本的用户名和密码验证外,还应实施多因素认证。例如可以要求用户通过生物识别技术(如指纹扫描或面部识别)进行身份验证,并结合时间同步的一次性密码或动态令牌。这样一来,即使其中一个认证因子被破解,攻击者也难以获得系统的访问权限。此外,对于特定角色或部门,如高级管理人员或安全部门,可以采用更高级的身份验证技术,如基于地理位置的信息验证或行为生物特征识别,以进一步提升安全性。

限制访问地点和设备也是保护敏感地质资料的重要手段。对于涉密资料的访问,应仅限于特定的物理位置或网络环境。例如可以在数据中心内设立专门的访问区域,并部署视频监控和安保人员,确保只有在授权人员监督下才能访问敏感数据。同时,对于远程访问,可以采用虚拟专用网络(VPN)技术确保数据在传输过程中的安全;还可以设置访问控制列表,只允许特定的 IP 地址或设备访问敏感数据。这些设备必须经过严格的安全审查和配置,如加密存储、数据丢失防护(DLP)系统等,以防止数据泄露。

实施加密存储和传输是确保敏感地质资料安全的基石。所有敏感数据在存储时都应进行加密处理,使用业界公认的强加密算法,如 AES(高级加密标准)或 RSA(一种非对称加密算法)。密钥管理也至关重要,应采用安全的密钥存储方案,如使用硬件安全模块(HSM)或密钥管理系统(KMS)。在数据传输方面,应确保所有数据传输都通过安全的通信协议进行,如 HTTPS 或 SSL/TLS。这些协议能够为数据传输提供加密保护,防止中间人攻击和数据拦截。

第四节 地质资料的加密技术应用

一、加密技术概述

在数字化时代,数据安全与隐私保护成了不可忽视的问题。随着网络攻击手段愈发复杂,加密技术成为守护数据安全的重要工具。通过复杂的算法和先进的密钥管理机制,加密技术可为数据提供了坚实的防护屏障。

加密技术的基本原理是将原始数据(明文数据)通过特定算法转化为加密后的数据(密文数据),这一过程称为加密。加密后的数据可以在公共网络中安全传输,只有持有特定密钥和掌握算法的人才能将其解密还原成原始数据。根据密钥的使用方式,加密技术可分为对称加密和非对称加密两种类型。对称加密使用同一密钥进行加密和解密;而非对称加密则使用公钥和私钥对,公钥加密的数据只能由对应的私钥解密,反之亦然。

密钥管理是加密技术的核心部分,涉及密钥的生成、分配、存储、更换和撤销等环节。优秀的密钥管理不仅能确保密钥的安全,还能保障其完整性和可用性。例如密钥应由可信的第三方机构生成并通过安全渠道分发;存储时需加密以防止泄露;定期更换以降低被破解的风险;一旦密钥泄露或失效,应立即撤销并启用备用密钥。

加密技术的优势在于其为数据传输和存储提供了多重保障。首先,保密性是最直接的优势,通过加密算法将数据转化为不可读的形式,即使数据被拦截,攻击者也无法解析其内容。其次,完整性是指数据在传输或存储过程中不被篡改的能力。许多加密技术,如数字签名和哈希算法,能够确保数据的完整性,一旦数据被非法修改,接收者在解密时便能发现。最后,加密技术还确保了数据的可用性,即使在遭受攻击的情况下,合法用户仍能访问和使用数据。通过分布式存储和备份等方式,加密技术能确保数据的持续可用性。

加密技术还具备抗抵赖性,特别是在非对称加密系统中,通过数字签名技术,发送者无法否认自己发送的消息,接收者也能验证消息的来源和完整性[10]。这在电子商务和法律文件等领域尤为重要。

然而,加密技术并非万能,其应用需综合考虑性能、成本和易用性等因素。加密和解密过程会消耗计算资源,可能影响系统性能;复杂的加密算法和严格的密钥管理也会增加成本和操作复杂度。因此,在实际应用中,需要根据数据价值、威胁模型及系统环境选择合适的加密技术和策略。

二、地质资料加密需求分析

地质资料作为国家和企业的宝贵资产,具有极高的价值和敏感性。这些资料不仅记录了地球的构造、资源分布和环境变化,还是矿产资源开发、城市规划及环境保护等决策的基础。随着数字化进程的加快和网络技术的发展,地质资料在传输、存储和使用过程中面临着前所未有的安全威胁。

地质资料的特点决定其需要特殊的保护措施。这类资料通常包括文字、图表、图像等多种格式,数据量大且内容复杂。它们可能涉及国家机密、商业秘密或知识产权,一旦泄露后果严重。此外,地质资料的存储方式多样,包括本地服务器、数据中心、云存储和移动设备,这增加了数据管理的复杂性和风险。

面对这些特点和存储方式,加密技术的应用成为保障地质资料安全的必要选择。加密可以确保数据在传输过程中不被截获和解读;在存储时抵御非法访问和窃取;在使用中防止数据被篡改和滥用。加密的必要性和紧迫性体现在数据泄露风险增加、黑客攻击频发以及法律法规对数据保护要求的提高等方面。

具体到安全威胁,地质资料在传输过程中可能遭受中间人攻击、数据截获和篡改;在存储时可能面临黑客入侵、内部人员泄露和设备丢失等风险;在使用中则可能出现非授权访问、滥用或泄露的情况。这些威胁不仅可能导致经济损失,还可能损害企业声誉,甚至影响国家安全。计算机泄密的主要途径如表3-1所示。

表3-1 计算机泄密的主要途径

泄密途径	具体方式			
网络泄密	黑客入侵	木马窃密	音频视频泄密	网站泄密
介质泄密	介质丢失	维修不当	内外网混用	数据恢复
无线泄密	无线键盘	无线网卡		
电磁泄露	显示器	主机	电源	线缆

针对这些安全威胁,加密技术的具体需求和目标应包括:加密强度足够高,以抵御当前和未来的破解技术;密钥管理策略科学合理,确保密钥安全生成、分发、存储和更换;支持多种数据格式和存储方式,灵活应对不同应用场景;加密系统具备良好的兼容性和扩展性,适应未来的技术发展和法规变化。

三、地质资料加密技术应用方案

1. 加密算法选择

在信息化时代,地质资料的安全性对于国家资源管理、科学研究及相关企业的竞争力至关重要。随着地质数据的数字化和网络化,加密技术成为保护这些敏感数据不可或缺的手段。选择合适的加密算法对于确保地质资料的安全性至关重要。

(1)算法的安全性:选择的加密算法必须能够抵抗当前和未来的攻击。目前公认的加密算法如AES(高级加密标准)、ECC(椭圆曲线加密)和QKD(量子密钥分发)等,因广泛接受和经过同行评审,适用于不同场景和用途。

(2)算法的效率:加密和解密过程需要消耗计算资源,对于数据量大的地质资料处理速度至关重要。因此,需要评估不同算法在处理大规模数据集时的性能,确保它们能够在合理时间内完成加密和解密操作。

(3)算法的可扩展性:随着计算技术的进步,特别是量子计算的兴起,传统加密算法可能面临挑战。选择那些已考虑后量子时代或易于升级以抵御量子攻击的算法是必要的。

(4)兼容性:加密技术需要与现有信息系统和技术栈无缝集成。这包括对各种操作系统、平台和设备的支持,以及对不同数据格式和传输协议的兼容性。

2. 密钥管理策略

密钥管理作为信息安全的核心部分,其策略的制订和执行对于保护敏感数据至关重要。

一个全面的密钥管理策略应涵盖密钥的生成、分发、存储、使用、更换和销毁等各个阶段。

（1）密钥生成：使用强随机数生成器产生足够复杂和不可预测的密钥材料。密钥生成应在安全环境中进行，以防止任何潜在的侧信道攻击。

（2）密钥分发：通过公钥基础设施（PKI）和密钥交换协议实现密钥的安全传输，确保密钥在传输过程中不被截获或篡改。

（3）密钥存储：使用硬件安全模块（HSM）或密钥管理系统（KMS）来安全存储密钥，防止未授权访问和数据泄露。

（4）密钥使用：遵循最小权限原则，只有必要人员才能访问和使用密钥，并且仅限于完成特定任务所需的时间。此外，密钥在使用过程中应受到严格监控和审计。

（5）密钥更换：定期更换密钥以限制攻击者利用旧密钥的时间窗口，并减少因密钥泄露造成的损害。应急更换机制允许在密钥泄露或其他安全事件发生时迅速更换密钥。

（6）密钥销毁：不再需要密钥时，必须以安全方式销毁，防止其被恢复和滥用。

3. 加密实施步骤

为了有效地保护地质资料，加密实施是一个关键步骤。加密实施包括一系列综合措施，包括资料分类分级、数据传输加密、数据存储加密、定期评估和审计及员工培训与安全意识提升。

（1）资料分类分级：根据资料的敏感性、重要性和对外部环境的暴露程度，将地质资料分为不同类别和等级。这有助于确定哪些资料需要加密及其级别，并为不同级别制订相应保护措施。

（2）数据传输加密：采用 TLS/SSL 等加密技术确保数据传输安全性。对于特别敏感的地质资料，还可使用端到端加密技术，如虚拟专用网络（VPN）和 SSL VPN，为数据传输提供加密通道。

（3）数据存储加密：使用透明加密或字段加密技术对敏感地质资料进行加密存储。透明加密在不影响用户体验的情况下自动加密和解密数据；字段加密则允许对数据库中的特定字段进行加密。

（4）定期评估与审计：定期评估加密效果，包括加密算法强度、密钥管理策略、加密实施过程及法律法规遵守情况。这有助于发现加密实施中的薄弱环节并及时纠正。

（5）员工培训与安全意识提升：加密技术的有效性很大程度上取决于使用者的操作。因此，对员工进行加密技术和安全政策的培训至关重要，包括如何正确使用加密工具及安全处理加密数据和密钥。

第四章 地质资料的数据分析与挖掘

第一节 地质资料数据分析的方法与工具

一、地质资料数据分析方法概述

地质资料数据分析是地球科学研究中的重要环节,涵盖从数据采集到结果应用的全过程。这一过程不仅要求研究人员具备深厚的专业知识,还需遵循科学性、准确性和实用性的基本原则。

第一,数据采集是分析的基础。地质资料可能来源于地面调查、钻探作业、遥感技术、地球物理或化学分析等。采集的数据必须可靠、覆盖广泛、分辨率高,并且具有时空一致性,便于后续的整合与分析。

第二,预处理阶段包括数据清洗、格式化和初步处理。在这个阶段,需要对数据进行质量控制,剔除错误和噪声,处理缺失值,并进行标准化和归一化处理。对于地质数据,可能还需要进行特殊处理,如地层对比和地震资料的速度校正。预处理的质量直接影响后续分析的准确性。

第三,分析阶段是地质资料处理的核心。这个阶段包括统计分析、模型构建和模式识别等。研究人员会运用数学和统计方法揭示数据间的联系,识别地质过程的内在规律,如地层划分、油气藏评估、矿产资源估算等。在分析过程中,地质工作者需要根据地质现象的特点选择合适的方法,并不断调整模型参数以达到最佳效果。

第四,解释阶段是将分析结果与地质学理论相结合,形成科学解释。这需要研究人员具备深厚的地质学知识和丰富的实践经验。在解释过程中,需考虑地质历史背景、构造活动、沉积环境等因素,确保解释的科学性和合理性。

第五,应用阶段是将分析结果用于实际工作中,如资源勘探、环境保护、灾害预防等。这一阶段需要将科研成果转化为实用技术和方法,为决策提供依据。在应用过程中,需考虑技术可行性、经济效益和社会接受度。

在整个地质资料数据分析过程中,科学性原则要求研究人员遵循地质学的基本理论和方法,确保研究的客观性和真实性;准确性原则强调数据和结果的精确度,要求严格控制误差;实用性原则则要求研究成果能解决实际问题,对社会经济发展有所贡献。

二、主要数据分析方法

1. 统计分析方法

统计分析在地质资料分析中起着关键作用,包括描述性统计、推断性统计和多元统计分析等方法。这些方法能够帮助研究人员从不同角度解读地质数据,揭示数据背后的信息。

(1)描述性统计是统计分析的基础,旨在概括地质资料的基本特征。通过计算均值、中位数、众数、标准差、变异系数等统计指标,可以快速了解数据分布、中心趋势和离散程度。这些简单的统计量为深入分析提供了重要信息。

(2)推断性统计基于样本数据推断总体特征,包括假设检验、方差分析等。在地质学研究中,由于种种原因,只能获取部分样本数据。推断性统计允许根据这些样本数据对地质过程或现象进行推断[11]。例如通过假设检验可以判断不同组岩石是否来自相同分布;方差分析则帮助理解不同因素对地质数据的影响是否显著。这些方法的应用,使研究人员能在有限数据的基础上得出更广泛的结论。

(3)多元统计分析在处理多变量数据时尤为重要,包括因子分析、聚类分析、判别分析等。地质数据通常具有高维度和复杂性,传统单变量分析难以应对。多元统计分析能够揭示变量间的关系,帮助理解数据的深层结构。例如因子分析可以简化数据结构,保留主要信息;聚类分析将数据分组,使得组内相似度高,组间差异大;判别分析用于分类未知样本。这些方法在地质学中,如矿物分类、油气层识别、地质灾害评估等中发挥了重要作用。

在实际应用中,统计分析方法需结合地质学知识和具体研究目标来选择性使用。描述性统计提供数据基础;推断性统计帮助从样本到总体做出推断;多元统计分析可以处理复杂多变量数据,揭示深层次信息。综合运用这些方法,可从地质资料中提取有价值的信息,支持科学研究和决策。

2. 空间分析方法

空间分析方法在地质学研究中至关重要,不仅能帮助理解地质现象的空间分布与变化,还能为资源勘探、环境管理等提供决策支持。地理信息系统(GIS)和地质统计学是两种常用的空间分析方法,各具特色和应用领域。

地理信息系统(GIS)是一种强大的工具,可用于构建地质地图、分析地质构造、评估资源分布和环境影响。GIS将地质数据与地形、地貌、水文等信息结合,揭示地质现象与环境因素的关系,其可视化功能使复杂空间数据变得直观易懂,对科学研究和决策至关重要。GIS可生成三维地质模型,展示地下结构,识别矿产资源有利区域。

地质统计学利用统计方法研究地质变量的空间分布规律。克里金插值和协同克里金是常用技术,能基于已知样本数据估计未采样位置的值。克里金插值考虑样本点距离和方向,通过半变异函数描述空间相关性,提供精确的插值结果。协同克里金可利用多个变量之间的关系,提高估计的准确性。这些技术广泛应用于矿产资源评估、地下水模拟、环境污染评估等领域。地质统计学帮助人们了解地质变量的空间连续性和变化性,为资源勘探和环境管理提供依据。

空间分析方法在地质学中的应用是多方面的,GIS的可视化功能使空间数据分析直观高效,地质统计学提供定量分析工具。综合运用这些方法,能更好地挖掘地质数据中的空间信息,为研究和应用提供有价值的见解。

3. 数值模拟方法

数值模拟在地质学研究中扮演着重要角色,允许研究人员通过计算机模型模拟地质过程,提高对地下水流动、地热传导等地质现象的理解。常用技术方法包括有限差分法(FDM)、有限元法(FEM)和有限体积法(FVM)等。这些方法通过将地质体离散化为网格或元素,建立数学模型,计算不同时间步长下的系统变化,在模拟地下水流动、地热传导、油气藏开发等地质过程时发挥关键作用。通过模拟,研究人员能预测和分析地质现象,为资源勘探和环境管理提供科学依据。常用的方法有粒子计算方法、混合方法等。

粒子计算方法,如光滑粒子流体动力学(SPH)和移动粒子半隐式(MPS),提供不同于传统网格的方法,通过跟踪大量粒子的运动和相互作用模拟地质现象,尤其适用于处理复杂地形和介质流动。SPH和MPS在模拟泥石流、雪崩、海洋波浪等现象时具有优势,能自然处理介质变形和破碎。

混合方法,如质点网格法(PIC)和物质点法(MPM),结合网格和粒子计算的优点,提高模拟精度和效率[12],适用于处理大变形和高应变率问题,适合地质学应用,通过离散化地质材料为相互作用质点,更准确地模拟地质材料动态行为,同时保持计算高效。

数值模拟在地质学中的应用不仅限于上述几个方面,还广泛应用于地质灾害预测、碳捕获与封存、岩土工程等领域。通过模拟,研究人员能更深入地理解地质过程,为研究和应用提供有价值的见解。然而,数值模拟也面临挑战,如地质体的复杂性和多样性要求模型能精确反映实际条件;地质数据的不确定性和不完整性影响模拟结果的准确性;数值模拟计算成本较高,需高性能计算机和专业软件的支持。

尽管有这些挑战,数值模拟在地质学中的重要性仍不容忽视。通过优化模型、提高计算效率和加强数据处理,能更好地利用数值模拟方法,支持地质学研究。未来,随着技术进步,数值模拟将在地质学领域发挥更大作用,为探索地球奥秘和解决实际问题提供更多可能性。因此,掌握这些数值模拟方法对于地质学研究人员和实际应用者来说至关重要,它们能更好地帮助更好理解地质过程,为资源可持续利用和环境合理保护提供科学依据。

4. 数据挖掘技术与机器学习算法

数据挖掘技术与机器学习算法已成为现代地质分析的重要工具,为处理和解释大量地质数据提供了技术支持。通过这些技术,研究人员能从复杂的地质资料中提取有价值的信息,揭示隐藏模式和关系,进行分类、预测和特征识别。

数据挖掘技术,如关联规则挖掘和聚类分析,致力于从地质数据中发现模式和关联。关联规则挖掘揭示了不同地质属性间的共现关系,如某些矿物与特定地质结构或岩石类型相关。聚类分析将数据分组,使组内相似度高,组间差异大。这些技术帮助地质工作者更深入地理解地质现象,发现新的研究方向。

机器学习算法,如神经网络、支持向量机和决策树,广泛应用于地质数据分类、预测和特征识别。神经网络通过模拟人脑神经元网络处理复杂数据关系,适合处理非线性和多维地质数据。支持向量机作为强大分类器,通过寻找数据中最优分隔面区分不同类别,适用于地质样本分类问题。决策树通过构建树状模型进行决策分析和预测,结果易于解释,适合评估地质特征重要性。这些算法使地质工作者能更准确地预测矿产资源位置,评估地质灾害风险,识别地质样本关键特征。

数据挖掘技术与机器学习算法在地质学中的应用不仅限于上述几个方面,还广泛应用于油气勘探、环境地质、城市地质等领域。例如在油气勘探中,机器学习算法可帮助分析地震数据,识别潜在油气藏;在环境地质中,数据挖掘技术可用于分析土壤和水样的化学成分,评估污染程度;在城市地质中,这些技术可帮助规划城市基础设施,避免地质灾害发生。主要数据分析方法如图4-1所示。

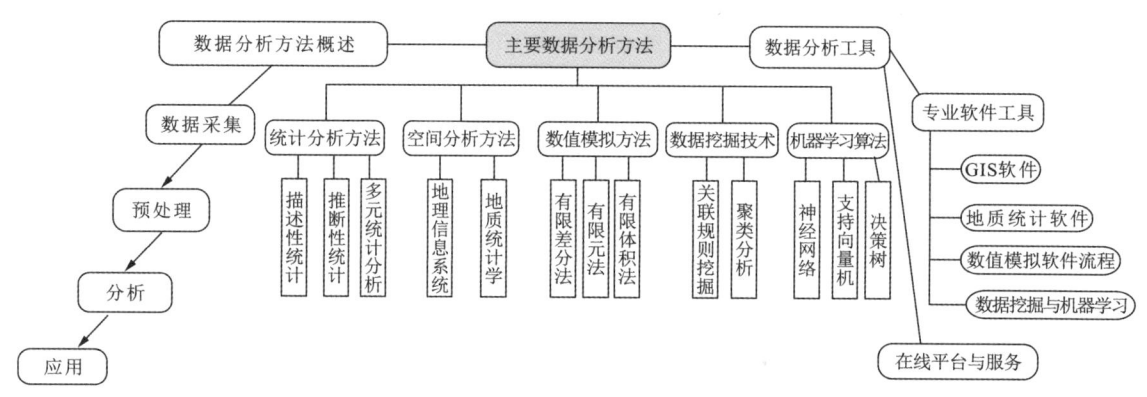

图4-1 主要数据分析方法概括图

三、数据分析工具介绍

1. 专业软件工具

在现代地质学研究中,专业软件工具发挥着重要作用,提高了数据处理和分析效率,为研究提供了深入探索和理解地球复杂系统的能力。这些工具涵盖空间分析、地质统计、数值模拟和数据挖掘与机器学习等领域,为地质学研究提供了技术支持。

GIS软件,如ArcGIS和QGIS,是地质工作者进行空间分析和地图制作的重要工具,提供地理数据管理、编辑、可视化和复杂空间分析功能。通过这些软件,研究人员能轻松创建地质地图,分析地质构造和矿产资源分布等空间数据,更好地理解地质现象及其环境背景。

地质统计软件,如GS+和SGeMS,专注于地质变量空间统计分析,提供变异函数分析、克里金插值和协同克里金等功能。通过这些工具,研究人员能够量化地质变量空间分布规律,评估矿产资源的分布范围和丰度,分析地质灾害风险。

数值模拟软件,如 Flow-3D 和 RiverFlow 2D,用于模拟地下水流动、洪水路径等地质过程,基于流体力学和水文地质学原理,通过数值方法模拟与预测地下水和地表水流动,对于理解水资源分布、评估水利工程影响和制订灾害应对策略具有重要意义。

数据挖掘与机器学习软件,如 Python 和 R 语言,提供强大的数据挖掘和机器学习算法,拥有庞大的库和包,支持从数据预处理到模型训练和结果可视化的全流程。通过这些工具,研究人员能从地质数据中发现隐藏的模式和关系,进行分类、预测和特征识别,为地质学研究提供新见解和决策支持。

专业软件工具在地质学研究中的应用是多方面的,不仅提高了数据处理和分析效率,还为研究人员提供了探索和理解地球复杂系统的能力。通过这些工具的综合运用,研究人员能更全面地收集和分析地质数据,揭示地质过程的深层机制,为资源勘探、环境保护和灾害预防提供科学依据。

2. 在线平台与服务

在线平台与服务在现代科学研究和数据分析中扮演着越来越重要的角色。随着技术的进步,这些平台和服务为研究人员提供了强大的计算能力、数据存储解决方案和便捷的数据分析与可视化功能,大幅提升了研究效率和质量。

云计算平台,如亚马逊网络服务(AWS)和微软 Azure,已成为地质学研究不可或缺的工具。它们能提供弹性计算资源,可根据需要快速扩展或缩小规模,满足大规模数据分析需求。地质学研究涉及大量数据集,如地震数据、遥感图像、地下探测数据等,需要强大的计算能力进行处理和分析。云计算平台提供高性能计算资源,使研究人员能更快处理数据,加速科学发现。此外,提供可靠的数据存储服务,确保数据安全和可访问性。研究人员可将数据存储在云端,随时访问分析,提高工作效率。

在线数据分析工具,如 Tableau 和 Power BI,为地质数据可视化和分析提供了便利,具有用户友好界面,使非编程背景的研究人员也能轻松进行数据探索和分析。通过这些工具,研究人员能快速创建图表、地图和仪表板,直观展示地质数据的特点和趋势。例如在地质勘探项目中,可使用这些工具可视化矿产资源分布,分析地质构造特征,评估地质灾害风险。这些可视化工具不仅帮助研究人员更好地理解数据,还可用于与同行或决策者交流发现和结果。

在线平台与服务的应用不仅限于数据处理和可视化,随着技术的进步,还将提供更多功能,如机器学习、人工智能和大数据分析等。研究人员可利用这些功能挖掘地质数据隐藏的模式和关系,进行更准确的预测和决策。例如通过机器学习算法,可自动识别地质图像特定特征或预测矿产资源位置。这些高级功能为地质学研究提供了新方法和新视角,有力地推动了科学技术的进步。

第二节 地质资料中的地质特征提取与分析

一、地质特征提取方法

1. 基于图像处理的特征提取

在地质学研究中,地质特征提取是一项关键任务,它涉及从各种数据源中获取有关地层、岩石特性、地质构造等方面的信息。这些信息对于地质过程理解、资源勘探及环境评估至关重要。其中,基于图像处理的特征提取技术尤为突出,它利用遥感影像和岩心图像来识别和分析地质特征。

遥感影像处理是地质特征提取的一个重要手段,通过卫星、无人机等平台获取的影像,研究人员可以观察到广阔区域的地表特征。这些影像经过增强、分割和分类等处理后,可以揭示出地层、岩石特性、地质构造等地质信息。图像增强技术通过调整对比度和亮度等参数,使地质特征更加明显;图像分割技术可以将影像分成不同的区域,方便进一步分析;图像分类技术则可以将影像中的像素分配到不同的类别中,从而实现地质特征的自动化识别。这些技术的应用使得研究人员能够快速获取大范围的地质信息,为地质绘图和资源勘探提供重要依据。

岩心图像处理则是另一种重要的地质特征提取方法,通过对岩心照片或扫描图像的分析,研究人员可以识别出岩石的特性、结构、矿物组成等特征。这些信息对于理解地下岩石的性质和分布至关重要。在岩心图像处理中,研究人员通常采用一系列图像处理算法来提高图像质量,突出岩石的特征,然后通过图像分割和分类技术来识别和量化这些特征。例如通过纹理分析可以识别不同的岩石类型,通过颜色分析可以确定矿物组成,通过形态分析可以揭示岩石的结构特征。这些分析结果不仅有助于地质工作者更好地理解岩石的性质,还可以为油气勘探、矿产开发等提供重要信息。

基于图像处理的特征提取方法在地质学研究中的应用是多方面的,除了用于遥感影像处理和岩心图像处理外,还可以应用于地质剖面图像分析、地质灾害评估等领域。通过这些方法的应用,研究人员可以更准确地识别和分析地质特征,为科学研究和实际应用提供强有力的支持。

2. 基于文本数据的特征提取

文本数据在地质学研究中是一个宝贵的信息来源,包括地质报告、钻孔记录、科研论文以及田野调查笔记等。这些数据包含大量关于地层、岩石特性、地质构造以及其他地质特征的描述。为了从这些非结构化的文本数据中提取有用的地质信息,研究人员采用了自然语言处理(natural language processing,NLP)和文本挖掘等技术。

(1)自然语言处理(NLP)技术在地质学中的应用主要体现为对文本数据的预处理和信

息提取上。分词是 NLP 中的基础步骤,它涉及将文本分解为单词或词语的过程。在地质学中,这一步骤尤为重要,因为地质术语往往具有特定的意义和用法,词性标注则是对文本中的每个单词进行词性识别,如名词、动词、形容词等,这有助于理解句子的结构和语义。实体识别是 NLP 中的另一项关键技术,它能识别文本中的具体实体,如地层名称、岩石类型、矿物种类等,这些实体对于地质学研究具有重要意义。通过 NLP 处理,研究人员能够从文本数据中提取出关键的地质特征信息,为后续的分析提供数据支持。

(2)文本挖掘则是另一个重要的特征提取方法。它利用数据挖掘技术从大量文本数据中提取地质特征的关联规则、模式等。文本挖掘通常包括文本聚类、文本分类、关联分析等任务。文本聚类可以对地质报告或文献进行自动归类,帮助研究人员快速定位到相关的研究主题或领域。文本分类可以对文本数据进行自动标签分配,如根据地质年代、岩石类型等进行分类。关联分析旨在发现文本数据中的关联规则,如发现某些地层出现的频率与特定矿物沉积的相关性。这些分析结果有助于揭示地质特征之间的相互关系和模式,为地质学研究提供新的见解。

基于文本数据的特征提取方法在地质学研究中的应用是多方面的。通过 NLP 和文本挖掘技术,研究人员可以从大量的地质报告中提取出关键的地质信息,如地层分布、岩石类型、矿物组成等。这些信息不仅有助于理解地质过程和资源分布,还可以为油气勘探、矿产开发等提供重要依据。此外,这些方法还可以应用于地质灾害评估、环境地质研究等领域,通过对历史文献和报告进行分析,研究人员可以更好地理解地质灾害的发生规律和环境变化趋势。

3. 基于数据驱动的特征提取

基于数据驱动的特征提取方法是现代地质学研究的重要组成部分,它们依赖于统计分析和机器学习技术来揭示地质数据中的模式和规律。这些方法不依赖于先验的地质知识,而是通过算法自动发现数据中的有用信息,从而为地质学研究提供新的视角和工具。

(1)统计分析在地质特征提取中发挥着至关重要的作用。统计方法能够对地质数据进行定量分析,揭示数据中的统计规律和趋势。例如通过对地层厚度、矿物含量、地震活动等数据的均值、方差、相关性等统计量的计算,研究人员可以了解地质特征的分布和变化情况;趋势线分析则可以揭示地质过程随时间或空间的变化规律,如沉积速率的变化、地震活动的迁移等。这些统计规律为理解地质过程和资源分布提供了重要线索。

(2)机器学习则是另一种强大的数据驱动特征提取方法。机器学习算法能够从复杂的地质数据中自动识别并提取地质特征,无需人工干预。例如聚类算法可以将地质数据分组,使得组内的数据点具有相似的特征,而组间的数据点具有较大的差异。这对于识别地质样本中的自然分组和异常值非常有用。再如分类算法则可以对地质样本进行类别划分,如根据地球化学数据对岩石类型进行分类。又如回归分析则用于建立地质变量之间的关系模型,如预测矿产资源的分布。通过这些机器学习算法的应用,研究人员可以从地质数据中提取出关键的地质特征,为资源勘探和环境评估提供科学依据。

数据驱动的特征提取方法在地质学研究中应用于多方面。通过统计分析和机器学习技术,研究人员可以处理和分析大量的地质数据,揭示地质过程的深层机制。这些方法不仅有助于资源勘探和环境评估,还可以为地质灾害预测、岩土工程等领域提供重要信息。此外,数据驱动的方法还可以与领域知识相结合,形成混合特征提取策略,进一步提高数据分析的准确性和可靠性。

二、地质特征分析方法

1. 空间分析

地质特征分析是地质学研究的核心内容之一,它涉及对地质现象的空间分布、结构、组成以及时序变化等方面的研究。在这些分析中,空间分析技术尤其是地理信息系统(GIS)技术发挥着至关重要的作用。GIS技术为地质工作者提供了一个强大的工具,使得他们可以在空间上对地质特征进行精确的分析和可视化。

空间叠加分析是GIS技术在地质特征分析中的一种常见应用,通过将不同的地质特征数据层,如地层、岩石特性、地质构造、土地利用等进行叠加,地质工作者可以直观地观察到不同地质特征之间的空间关系。这种分析可以帮助地质工作者发现潜在的资源分布区域,识别地质灾害的高风险区,以及理解地质过程的空间影响范围。

缓冲区分析是另一种重要的空间分析方法,它通过在特定地质特征周围创建一个给定距离的缓冲区域,来分析这些地质特征对周围环境的影响。例如沿着河流创建缓冲区可以帮助分析洪水影响的范围,或者评估河流对周边土壤和植被的影响。缓冲区分析还可以用于规划城市扩张,避免重要的地质区域被破坏。

空间相关性分析则关注地质特征之间的空间依赖性和异质性,这种空间分析方法可以揭示地质现象的空间聚集模式,评估地质风险的空间分布,识别地质变量之间的空间相互作用。通过空间相关性分析,地质工作者可以更好地理解地质过程的驱动机制,为资源管理和灾害预防提供科学依据。

除了上述方法外,GIS技术还提供了其他多种空间分析工具,如地形分析、网络分析、空间插值等,这些工具在地质学研究中也有着广泛的应用。地形分析可以揭示地貌形态的特征,网络分析可以优化地质调查的路线,而空间插值则可以基于已知数据点预测未知区域的地质特征。

GIS技术在地质特征分析中应用于多方面。它不仅可以帮助地质工作者进行科学研究,还可以为矿产资源勘探、城市规划、环境保护等领域提供重要支持。通过GIS技术的应用,研究人员可以更全面地认识地质特征,更准确地评估资源和风险,以及更有效地制订管理策略。

2. 定量分析

定量分析在地质学研究中占据着举足轻重的地位,它通过精确测量和计算地质特征的量化指标,为揭示地球的物理性质和变化规律提供了坚实的数据基础。这些量化指标包括但不限于地层的厚度、岩石的倾角、矿物的密度、地球化学元素的含量等,它们都是地质学研究中不可或缺的参数。

地层厚度变化可以反映沉积过程的连续性和稳定性,对于研究古环境和古气候具有重要意义。岩石的倾角描述了地层、断层或其他地质体相对于水平面的倾斜程度,它是判断构造运动性质和强度的关键参数。密度是物质质量与体积的比值,不同矿物和岩石的密度差异是地质分离及矿产资源勘探的基础。此外,地球化学元素的含量分析也是定量分析的重要组成部分,它可以帮助研究人员了解岩石和矿物的化学成分,进而推断其成因和演化历史。

定量分析的步骤通常包括数据收集、数据处理和数据分析3个阶段。数据收集是通过野外地质调查、钻探、地球物理勘探等手段获取地质样本和测量数据。数据处理则涉及数据的清洗、整理和转换,以便于后续分析。数据分析是定量分析的核心,它包括描述性统计分析、推断性统计分析以及模型建立等。描述性统计分析主要用于概括地质数据的基本特征,如均值、方差、频率分布等。推断性统计分析则用于从样本数据中推断总体的特征,如假设检验、置信区间估计等。模型建立则是基于地质数据和地质知识,构建数学模型来描述地质过程和预测地质现象。

定量分析在地质学研究中的应用是多方面的。通过定量分析,研究人员可以更准确地评估矿产资源的储量和品位,为资源开发提供科学依据。在环境地质学中,定量分析可以帮助评估土壤侵蚀的程度、地下水的污染状况等环境问题。在地质灾害领域,定量分析则是预测地震、滑坡等灾害发生的关键手段。此外,定量分析还广泛应用于古气候重建、地质年代学、地球化学示踪等领域。

3. 成因分析

成因分析是地质学研究中至关重要的一环,它涉及对地质特征起源和演化过程的深入探讨。这种分析不仅需要考虑地质历史、构造背景和环境因素,还需要综合运用地质学、地球物理学、地球化学以及生物学等多个学科的知识和方法。成因分析的目的在于揭示地质现象背后的成因机制,为资源勘探、灾害防治和环境保护等提供科学依据。

地质历史是成因分析中的关键因素之一。地球的历史记录保存在地层、岩石和化石中,通过解读这些信息,研究人员可以重建古环境和古气候条件,理解地质事件发生的时间顺序和持续时间[13]。构造背景则是另一个重要因素。构造运动如板块碰撞、地壳抬升或下沉等,会直接影响地质特征的形成和演化。通过研究区域的构造格局和活动历史,可以解释山脉的形成、盆地的发育以及地震的发生等现象。

环境因素也是成因分析中不可忽视的部分。气候、水文、生物活动等都会对地质过程产生影响。例如气候变化会影响风化作用和侵蚀作用的强度,从而影响地貌的形成;水流的侵蚀和搬运作用会改变河流的走向及河床的形态;生物活动如根系的渗透和微生物的化学作用也会对土壤、岩石的物理化学性质产生影响。

成因分析的方法和步骤通常包括数据收集、观察描述、实验模拟、理论推导及综合解释等。数据收集是通过野外地质调查、钻探、地球物理勘探等手段获取地质样本和测量数据。观察描述则是对地质现象进行详细记录和分类,以便于后续的分析。实验模拟是在实验室条件下模拟地质过程,以观察和分析地质现象的形成机制。理论推导则是基于物理、化学和生物学的原理,对地质过程进行数学建模和计算。综合解释则是将上述各种方法和结果进行整合,形成对地质特征成因的综合认识。

成因分析在地质学研究中的应用是多方面的。在矿产资源领域,成因分析可以帮助研究人员理解矿床的形成过程,指导资源勘探和开发。在环境地质学中,成因分析可以用于评估土壤侵蚀、地下水污染等环境问题的成因和发展趋势。在地质灾害领域,成因分析则是预防和减轻地震、滑坡等灾害的关键。此外,成因分析还广泛应用于古气候重建、地质年代学、地球化学示踪等领域。

4. 模拟与预测

模拟与预测是地质学研究中不可或缺的一环,它们为理解地质过程、评估资源潜力、预防地质灾害以及指导工程建设提供了重要的科学依据。随着计算机技术和数值模拟方法的飞速发展,地质工作者现在能够利用复杂的地质建模和流体模拟技术来重现地下的地质过程,并预测地质特征的未来变化。

(1)地质建模是模拟与预测的基础。通过建立地质模型,研究人员可以对地层、岩石特性、地质构造以及其他地质特征进行三维可视化。这些模型基于地质数据的插值和外推,可以将离散的数据点转化为连续的地质体。地质建模不仅有助于识别有利的油气储集区、矿产资源分布以及地下水流动路径,还可以为城市规划和基础设施建设提供重要的地质信息。

(2)流体模拟是地质模拟中的另一个重要方面。它涉及对地下水、油气以及岩浆等流体在地下的运移和相互作用的模拟。流体模拟可以帮助研究人员理解油气的运移和聚集机制,预测地下水的污染和修复过程,以及评估岩浆活动的危险性。通过流体模拟,地质工作者可以更好地了解地下资源的分布规律,为资源开发和环境保护提供科学指导依据。

除了地质建模和流体模拟,数值模拟方法还广泛应用于地质灾害的预测。例如通过地震波传播模拟,研究人员可以评估地震活动对城市建筑和基础设施的影响;通过滑坡模拟,可以预测降雨或地震触发的滑坡危险区域;通过火山喷发模拟,可以预测火山灰的扩散范围和对航空安全的影响。这些模拟和预测不仅对于减少人员伤亡和财产损失至关重要,也为政府和应急管理部门制订应对策略提供了科学依据。

模拟与预测的方法和步骤通常包括模型建立、参数设置、模拟运行和结果分析等。模型建立是根据地质数据和地质知识构建数值模型的过程;参数设置则是根据实验数据和现场测量确定模型中的物理化学参数;模拟运行是通过计算机程序对模型进行数值求解;结果分析则是对模拟结果进行解释和评估,以验证模型的准确性和可靠性。

模拟与预测在地质学研究中的应用是多方面的。在油气勘探领域,模拟与预测可以帮助研究人员评估油气藏的分布和开发潜力;在矿产资源领域,可以指导矿床的定位和开采;在环境地质学中,可以用于评估土壤和地下水的污染风险;在地质灾害领域,则是预防和减轻灾害的关键。此外,模拟与预测还广泛应用于气候变化研究、行星地质学及古生态学等领域。

第三节 地质资料的时空数据分析

一、时空数据基础

1. 时空数据的定义与特性

时空数据是指那些在空间和时间维度上都携带信息的数据,在地质学中扮演着重要的角色。这类数据不仅记录了地质现象和事件的位置信息,还捕捉到了地质现象和事件随时间演化的动态过程。时空数据为地质工作者提供了一种独特的方式去观察和解释地球的动态历史及复杂现象。

时空数据的特点在于它能够将时间和空间的信息结合起来,描述地质现象和事件的动态特征。传统地质学研究中的空间数据主要关注地质体的分布、形态和大小等空间属性,而时间数据则主要关注地质事件发生的具体时间点或持续时间。时空数据则将这两者结合,通过记录地质现象在不同时间点的空间状态,展示了地质过程的发展与变迁。例如分析不同年代的地层数据可以揭示沉积环境的变化;监测地震活动的时空分布有助于研究地壳运动的规律。

时空数据的主要特性包括复杂性、不确定性和动态性。复杂性源自需要同时处理空间和时间两个维度,增加了数据收集、存储和管理的难度;不确定性则是由于地质过程本身的随机性和数据采集及处理过程中存在的误差;动态性意味着时空数据需反映地质现象和事件的时序变化,这要求数据具有足够的分辨率和连续性。这些特性共同构成了时空数据分析的挑战,要求采用先进的数据处理技术和方法。

在地质学研究中,时空数据有着广泛的应用。在油气勘探领域,时空数据分析可揭示油气藏的形成和演化过程,指导勘探工作。在地质灾害领域,时空数据可用于监测灾害发展趋势,为预警提供科学依据。在环境地质学中,时空数据用于评估土壤侵蚀和地下水污染等问题。此外,时空数据还在古生态学、地质年代学、行星地质学等领域发挥着重要作用。

2. 地质资料中的时空数据类型

地质学领域的时空数据类型多样,记录了地球历史的不同方面,为地质工作者研究地球动态过程提供了重要信息。这些数据类型包括地质年代数据、地震时间序列数据、地下水位监测数据、岩心分析数据、遥感影像数据以及地质事件记录等。

地质年代数据记录了地层、岩石和化石等地质实体的形成时间,揭示了地球历史的时序关系及地质过程的持续时间和变化速度。通过地质年代学研究,研究人员可以建立地质年代表,为理解地球演化提供时间框架。

地震时间序列数据记录了地震活动的时间、位置和强度等信息,对研究地壳运动、板块构造及地震预测意义重大。通过分析地震活动的时空分布,地质工作者可以识别活跃的断层带,评估地震风险,并探索地震的成因机制。

地下水位监测数据提供了地下水系统的动态信息,记录了水位随时间的变化情况,反映了地下水的补给、径流和排泄过程。这些数据在水资源管理、地下水污染防治及地质灾害预警等方面具有重要的应用价值。

岩心分析数据来源于钻井取样,详细记录了岩石的物理性质、化学组成及化石信息。这些数据在油气勘探、地层对比及古环境重建等领域有广泛应用。通过对岩心的时空分析,研究人员可以揭示沉积环境的演变历史,指导油气资源的勘探与开发。

遥感影像数据通过卫星或航空器获取地表的反射光谱信息,在地质制图、矿产资源勘查、环境监测及灾害评估等领域发挥着关键作用。遥感技术能够提供大范围、高分辨率的地表信息,有助于快速识别地质特征并监测其变化。

地质事件记录火山喷发、滑坡、泥石流等,地质灾害的时间、地点和规模等信息。这些数据对评估地质风险、制订防灾策略及提高公众安全意识至关重要。通过分析地质事件的时空分布,研究人员可以更好地理解灾害发生规律,为应对未来灾害提供科学依据。

这些时空数据类型在地质学研究中应用广泛。地质年代数据为地球历史的时间框架提供了基础;地震时间序列数据有助于理解地壳运动和地震成因;地下水位监测数据对地下水资源管理和污染防控至关重要;岩心分析数据在油气勘探和地层研究中发挥核心作用;遥感影像数据为快速识别地质特征和监测环境变化提供了工具;地质事件记录为灾害预防和减轻提供了信息。通过综合运用这些时空数据类型,地质工作者能够更全面地认识地球的动态系统,为资源开发、环境保护和灾害防治等提供科学支持。

二、时空数据分析方法

1.时空数据的时间序列分析

时间序列分析是时空数据分析的核心方法之一,专门用于研究随时间变化的数据点,揭示数据的内在规律和预测未来趋势。该方法包括趋势分析、季节性分析及周期性分析,为理解地质现象的时序特征提供了强有力的工具。

趋势分析旨在识别数据中的长期持续变化模式,反映了地质过程的基本动态。例如通过多年地下水位监测数据,可以识别出水位升降的整体趋势,揭示地下水资源的长期变化规律。季节性分析关注数据在一年或更短时间内重复变化的情况,这种变化通常与气候条件、季节交替或人类活动有关。例如地震活动的季节性数据表明某些地区地震活动的频率随季节变化,可能与地壳应力的季节性调整有关。周期性分析致力于识别数据中重复出现的规律性模式,这些模式可能与地球的自然周期因素或其他周期性因素相关。例如通过分析地质事件的时间序列数据,研究人员可以发现某些地质灾害的发生具有一定的周期性,有助于预测未来事件可能发生的时间。

在地质学研究中,时间序列分析应用广泛。在地震学领域,通过时间序列分析,研究人员可以预测地震活动趋势,评估地震风险,并为地震预警提供科学依据。在水文地质学中,地下水位变化的时间序列分析有助于监测和预测地下水资源动态,支持水资源管理和污染防治。此外,时间序列分析还用于分析沉积速率、气候变化对地质过程的影响及地质灾害的时序特征等多个方面。

时间序列分析的方法和技术不断进步。传统的统计方法,如自回归模型、移动平均模型和自回归移动平均模型等,已被广泛应用于地质数据分析。随着计算机技术和数学理论的进步,更复杂的模型如自回归积分滑动平均模型、季节性自回归积分滑动平均模型也被引入。这些高级模型能够更好地处理非线性、非平稳的数据,提高预测的准确性。同时,机器学习和人工智能技术的应用为时间序列分析带来了新机遇,使得处理大规模、高维度的地质数据成为可能。

2. 时空数据的空间统计分析

空间统计分析是时空数据分析的重要组成部分,专注于处理和解释具有空间坐标的数据,揭示数据之间的空间关系和分布模式。该方法的基本概念包括空间自相关和空间异质性,为理解地质现象的空间特征提供了关键信息。

空间自相关描述了在空间上彼此接近的观测点倾向于具有相似值的现象。在地质学中,这种自相关可能反映了地质过程的内在连续性,如矿物沉积、岩石分布或地壳运动。通过计算空间自相关指数,研究人员可以评估地质变量在空间上的聚集程度,揭示潜在的地质过程和控制因素。空间异质性则描述了地质现象在空间上的不均匀分布,可能源于地球材料的不均一性、构造活动的局部化或外部环境的差异。通过量化空间异质性,地质工作者可以更好地理解地质体的复杂性和多样性,为资源勘探和环境管理提供科学依据。

在地质学研究中,空间统计分析应用广泛。在地质特征识别方面,空间统计分析能够帮助研究人员识别和划分地质单元,如岩体、地层和构造带。通过对地质数据的空间分布和关系进行分析,研究人员可以更准确地描绘地质体的边界,理解其形成机制。在资源分布规律发现方面,空间统计分析能够揭示矿产资源的分布模式和富集规律。通过对矿产数据进行空间分析,研究人员可以预测矿体的延伸方向和深度,为勘探部署提供科学指导。此外,空间统计分析还被用于评估地质灾害的风险区域,通过分析灾害发生的空间分布和影响因素,为防灾减灾提供决策支持。

空间统计分析的方法和技术也在不断发展。传统的空间统计方法如空间插值、空间回归和地理加权回归等已广泛应用于地质数据分析。随着计算机技术和数学理论的进步,更复杂的模型如空间点过程模型、空间贝叶斯模型也被引入。这些高级模型能够更好地处理空间数据的复杂性和不确定性,提高分析的准确性。同时,地理信息系统技术的融合为空间统计分析提供了强大的可视化和分析工具,使得处理大规模、多维度的地质数据成为可能。

然而,空间统计分析也面临着一些挑战。数据的质量和完整性对分析结果的准确性至关重要,因此数据的收集和预处理需要特别谨慎。此外,地质过程的复杂性和不确定性要求研究人员在选择模型和方法时充分考虑数据的特性与分析目的。同时,空间统计分析通常需要专业知识和技能,这限制了其在地质学领域的普及和应用。

3.时空数据的时空结合分析

时空结合分析在地质学研究中具有重要作用,它能够综合考虑数据的时间序列和空间分布特性,揭示地质过程的时空演变规律。该分析方法的核心在于探索数据在不同时间、空间尺度上的相互作用和依赖关系,从而更准确地模拟和预测地质现象。常用的时空结合分析方法包括时空克里金插值和时空自回归模型。

时空克里金插值基于地质统计学理论,通过对时空数据进行线性加权组合来估计未采样点的值。这种方法不仅考虑了数据的空间自相关性,还引入了时间自相关性,使得估计结果更加准确和可靠。时空克里金插值能够生成连续的时空分布图,为理解地质现象的时空分布特征提供了直观的视觉工具。

时空自回归模型将时间序列分析中的自回归模型与空间统计分析相结合,建立了一个统一的框架来描述地质变量在时间和空间上的变化。时空自回归模型能够处理复杂的时空数据,如地震活动数据、地下水位监测数据等,通过分析数据之间的时空自相关性,揭示地质过程的内在规律。

在揭示地质过程的时空演变规律方面,这些方法发挥着重要作用。通过对地质数据的时空建模,研究人员可以恢复古地理环境,理解沉积盆地的充填历史,推测构造活动的演化过程。例如利用时空自回归模型分析沉积层的厚度数据,可以揭示沉积速率在时间和空间上的变化规律,为理解沉积环境的变迁提供线索。

在预测地质灾害方面,时空结合分析同样展现出强大的潜力。地震、滑坡、泥石流等地质灾害往往具有复杂的时空分布特征,传统分析方法难以准确预测其发生的时间、地点和规模。时空结合分析能够综合考虑灾害发生的时空背景和影响因素,通过建立时空预测模型来提高灾害预警的准确性。例如通过分析地震活动数据的时间序列和空间分布特征,结合地壳应力状态的时空变化,可以更准确地预测未来地震的风险区域和可能发生的时间。

4.时空数据的数据挖掘与机器学习

数据挖掘与机器学习技术在处理复杂的时空数据中展现出显著优势,能够从庞大的地质数据集中提取有价值的信息,揭示数据背后的模式和规律。这些技术通过自动化的算法和模型,能有效识别地质现象的时空特征,为地质学研究提供新的视角和工具。在众多的机器学习算法中,聚类算法、分类算法和预测模型是地质资料时空分析中常用的几种。

聚类算法如K-均值、层次聚类和DBSCAN等,可以在没有预先定义的类别情况下,根据数据的内在特性将相似的样本聚集在一起。这种方法特别适用于地质数据的初步探索。例如通过聚类分析可以识别具有相似地球化学特征的矿区,或者划分具有不同沉积特征的区域。

分类算法如决策树、支持向量机和随机森林等,能够根据已知的类别标签学习判别模型,然后将模型应用于新的数据以预测其类别。在地质学中,分类算法可以用于识别不同的岩石类型,判断矿产资源的潜力区域,甚至评估地质灾害的风险等级。例如通过分析历史滑坡事件的数据,研究人员可以建立一个模型来预测未来滑坡发生的可能性和位置。

预测模型如回归分析、时间序列分析和神经网络等,能够基于历史数据建立数学模型,预测未来的数据趋势或值。在地质学领域,这些模型可以用于预测地下水位的变化趋势,估计矿产资源的储量,甚至预测地震的发生时间。例如利用时间序列分析模型,研究人员可以基于长期的地震活动数据来预测未来一段时间内地震活动趋势。

在实际应用案例中,这些算法和模型已被成功应用于多个地质学领域。在油气勘探领域,通过聚类和分类算法分析地震属性数据,研究人员能够识别可能的油气藏区域。在环境地质学中,利用预测模型分析土壤重金属含量数据,可以预测污染的扩散趋势和影响范围。在地质灾害管理中,通过分析历史滑坡数据和相关环境因素,分类算法可以帮助识别未来滑坡高风险区域,为防灾减灾提供科学依据。时空数据分析方法如图4-2所示。

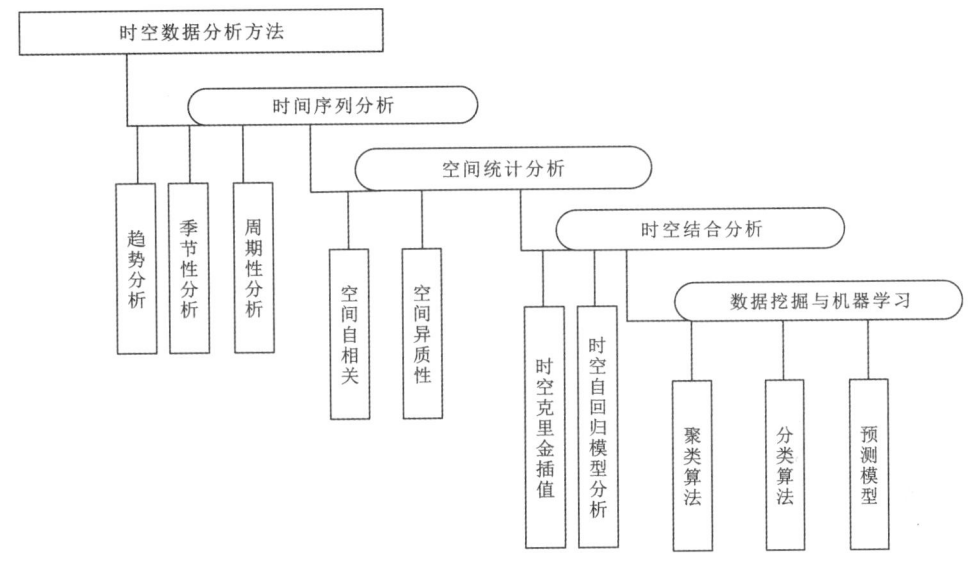

图4-2 时空数据分析方法

三、时空数据分析工具与技术

时空数据分析工具与技术在地质学研究中扮演着重要角色,它们为处理、分析和解释复杂的时空数据提供了强大支持。这些工具和技术不仅能帮助研究人员高效管理海量地质数据,还能通过先进的分析方法揭示地质过程的时空演变规律,为资源开发、环境保护和灾害防治等提供科学依据。

地理信息系统技术是时空数据分析的基础,能够将地质数据与地理位置结合,实现数据的空间可视化和分析。通过地图展示和空间统计分析,GIS技术帮助研究人员直观地理解地质现象的空间分布特征,识别地质异常区域,指导野外工作和采样设计。同时,GIS技术还能够处理多源数据,如遥感影像、地形数据和地质调查数据,为综合地质研究提供全面的信息支持。

遥感技术是获取大范围地质信息的重要手段,能够提供高分辨率的地表图像和多光谱数据。通过遥感图像处理和分析，研究人员可以迅速识别地质构造、岩性分布和地貌特征，监测地质灾害的发展动态。此外，遥感技术还可用于矿产资源勘查和环境评估，为地质学研究提供宏观视角和连续观测数据。

时空统计模型是处理时空数据的数学工具，能够描述数据在时间和空间上的依赖关系和变化规律。通过建立时空统计模型，研究人员可以定量分析地质变量的时空变异性，评估地质风险，预测未来地质事件。这些模型在地震学、水文地质学和环境地质学等领域具有广泛的应用前景。

机器学习和人工智能技术为时空数据分析带来新的动力，能够从复杂的地质数据中自动提取特征和模式，建立智能预测模型。通过训练数据集，机器学习算法可以学习地质现象的时空分布规律，然后应用于新的数据以进行分类、预测和决策。这些技术在油气勘探、矿产资源评价和地质灾害预警等方面展现出巨大潜力。

云计算和大数据技术为处理大规模时空数据提供了强大的计算能力与存储资源。通过云平台，研究人员可以高效地管理、共享和分析地质数据，实现数据的实时更新和远程访问。同时，大数据分析技术能够处理海量地质数据，提取有价值的信息，为地质学研究提供深入见解。

第四节 地质资料的关联分析与模式发现

一、关联分析基础

1. 关联分析定义

关联分析作为数据挖掘领域的一项基本技术，旨在揭示数据集中不同项目或属性间的关联性。这种分析有助于发现数据中的有趣模式，揭示不同数据元素之间的共现或因果关系。在地质学中，关联分析尤其重要，因为地质数据通常包含丰富的时空属性和复杂的特征关联性，通过关联分析能更好地理解地质现象的内部机制及其动态变化。

地质资料中的关联种类多样，每种关联都反映了地质数据特有的内在联系。空间关联是最直观的一种关联类型，指地理位置之间的相关性。这种相关性可以体现为地质构造的空间分布规律，如断层的排列模式、矿床的空间聚集特征等。通过对空间关联的分析，研究人员可以识别地质结构的空间模式，为地质解释和预测提供依据。

时间关联则关注地质事件发生的顺序性，描述地质过程随时间的变化规律。例如地层的沉积顺序、火山活动的周期性、地震事件的时空迁移等，均显示了时间关联的重要性。时间关联的分析有助于揭示地质过程的动态演化，理解地质历史的发展脉络。

属性关联涉及不同地质特征之间的相关性，如岩石类型与矿物组成的关系、地球化学指标与岩浆活动的联系、地形地貌与地下流体运动的关系等。属性关联的分析能够揭示地质数据的多维特性，为深入了解地质现象提供全面视角。

此外，地质资料中还可能存在复杂的多层次关联和跨尺度关联。多层次关联指的是不同地质层次间的相互作用与联系，如地层、构造、地球物理异常的综合关联。跨尺度关联涉及从微观岩石矿物到宏观地质构造的不同尺度数据之间的关联性，如矿物成分与区域构造背景的关系。

关联分析在地质学中应用广泛，不仅能帮助研究人员从复杂的数据中发掘有价值的信息，揭示地质现象的内在联系，还能指导实际的地质工作，如资源勘探、灾害评估和环境保护等。通过关联分析，研究人员可以构建地质数据的关联网络，从而系统地理解地质现象，为科学决策提供支持。

2. 关联分析的目的与意义

关联分析在地质资料中的应用具有深远的意义，它不仅能帮助研究人员识别地质构造关系、预测地质灾害、发现资源富集区，还能显著提升地质研究效率，为实际工作提供科学指导。通过关联分析，地质工作者能够从复杂的数据中挖掘出有价值的信息，揭示地质现象的内在联系，从而更好地理解地球的结构与演化历程。

（1）识别地质构造关系：关联分析能够揭示不同地质结构之间的空间和时间联系。通过分析地层分布、断层排列方式以及岩浆活动历史，研究人员可以构建地质构造的发育模式，推断不同构造事件间的关系。这种分析对于理解区域构造演化、评估油气与矿产资源潜力具有重要意义。

（2）预测地质灾害：关联分析是预测地质灾害的重要工具。通过分析历史灾害数据与地质环境因素之间的关联性，可以建立地质灾害发生概率的预测模型。这些模型能够识别灾害发生的高风险区域，为防灾减灾提供科学依据。例如通过分析地震活动与地下应力分布的关系，可以预测未来地震的位置与强度。

（3）发现资源富集区：关联分析在地质学中的另一关键用途是发现资源富集区。矿产资源的分布通常与特定的地质特征相关，如特定类型的岩石、地球化学异常或遥感影像上的线性构造。通过关联分析，研究人员可以识别这些特征的模式，进而预测矿产资源的潜在分布区域，提高勘探成功率，降低勘探成本。

（4）提高地质研究效率：关联分析在提升地质研究效率方面也发挥了重要作用。传统地质研究方法往往依赖于研究人员的经验和直觉，而关联分析提供了一种系统的方法来处理和解释数据。自动化数据挖掘技术使研究人员能够快速处理大量数据，发现数据中的模式与关联，极大地提升了研究的速度和准确性。同时，关联分析的结果可以指导实地考察和采样，避免无效的野外工作，节省时间和资源。

（5）为实际工作提供科学指导：在环境地质学中，关联分析可以帮助识别污染源和污染物的迁移路径，为环境保护和污染治理提供决策支持。在城市地质学中，通过分析地表沉降数据与地下水开采活动的关系，可以指导合理的水资源管理。在古生物学和地层学研究中，关联分析可以揭示化石分布与地层年代的关系，为生物地层学研究提供新视角。

二、关联分析方法

1. 统计关联分析

统计关联分析是地质学研究中不可或缺的方法之一,它通过统计学原理和技术来量化不同地质特征之间的关联程度。这些方法为研究人员提供了一种客观的手段,用以评估地质数据之间的关系强度和显著性,从而揭示潜在的地质过程和模式。

(1)相关系数分析:这是统计关联分析中最常用的方法之一。通过计算两个变量之间的皮尔逊、斯皮尔曼或肯德尔相关系数,来量化它们之间的线性或非线性关系。在地质学中,相关系数分析可以应用于诸如地层厚度与矿物含量、地震活动与断层密度等地质特征之间的关系研究。通过相关系数的大小和正负,研究人员可以判断这些特征之间是正向关系、负向关系还是不存在显著关系,从而为地质解释提供依据。

(2)卡方检验:是另一种重要的统计关联分析方法,主要用于分析分类数据之间的关联性。在地质学中,卡方检验可以用来分析不同岩性类型与矿床分布的关系,或不同地质时代与化石群落组成之间的关系。通过构建列联表并计算卡方统计量,研究人员可以判断不同地质特征之间是否存在独立性或相关性,并评估其显著性。

(3)回归分析、方差分析、聚类分析:这些也是统计关联分析的重要组成部分。回归分析帮助研究人员建立地质特征之间的数学模型,进行预测和推断。例如通过多元回归分析,可以评估多个地质因素对矿产资源分布的影响。方差分析则可以用于比较不同地质群体之间的差异性,如不同地区岩石的地球化学指标是否存在显著差异。聚类分析通过将数据分组来揭示内在的结构模式,在地质学中可以应用于地球化学数据的分类,帮助识别具有相似地球化学特征的样本群体,推测其成因联系或源区特征。

统计关联分析在地质学研究中的应用是多方面的,它不仅能够为地质现象的定量描述提供基础,还能为地质过程的理解和预测提供支持。

2. 数据挖掘技术

数据挖掘技术在关联分析中的应用为地质学研究开辟了新的视野,它能够揭示地质资料中隐藏的关联模式,为理解复杂的地质现象提供了新的手段。这些技术通过自动化的算法和模型,能有效地处理大规模数据集,发现数据中的潜在关系,从而为地质学研究提供有价值的信息。

1)频繁项集挖掘

频繁项集挖掘是一种重要的数据挖掘技术,旨在发现在数据集中频繁出现的项集,即那些共同出现频率超过某一阈值的数据项组合。在地质学中,这些项集可能对应特定的地质特征或属性组合,如岩石类型、矿物含量、地球化学指标等。通过识别这些频繁项集,研究人员可以发现地质数据中的共性和规律,进而推断地质过程的内在联系。

(1)Apriori算法:是一种经典的频繁项集挖掘方法,是通过逐层搜索的方式,从单个数据项开始,逐步构建更大的项集,直至找到所有满足最小支持度的频繁项集。在地质学中,

Apriori 算法可以用来发现地质样本中常见的矿物组合或地球化学元素组合,这些组合可能指示特定的地质过程或成矿事件。

(2)FP-Growth算法:是另一种高效的频繁项集挖掘方法,通过构建一个压缩的树状结构来存储数据集,然后在这个结构上进行递归挖掘。与 Apriori 算法相比,FP-Growth 算法通常具有更高的效率和可扩展性,特别是在处理大型数据集时。在地质学中,FP-Growth 算法可以应用于大规模的地质调查数据,揭示区域尺度上的地质特征关联。

2)关联规则学习

关联规则学习是数据挖掘中的另一项关键技术,旨在从数据集中提取出有趣的关联规则,即那些同时满足最小支持度和最小置信度的规则。在地质学中,关联规则可以用来描述不同地质特征之间的依赖关系,如特定类型的岩石存在时某种矿产资源出现的概率。ARM 算法是实现关联规则学习的一种方法,通过计算数据项之间的支持度和置信度来生成关联规则。在地质学中,ARM 算法可以应用于地质事件的预测,如通过分析历史地质灾害数据可以发现某些地质环境因素与灾害发生之间的关联规则,为防灾减灾提供科学依据。

数据挖掘技术在关联分析中的应用极大地丰富了地质学研究的方法和手段。通过这些技术,研究人员可以从海量的地质数据中快速提取有价值的信息,发现数据中的隐藏关联模式。这些发现不仅有助于深化对地质过程的理解,还可以为资源勘探、环境评估和灾害预防等实际问题提供解决方案。

3.空间关联分析

空间关联分析是地质学研究中的重要工具,它专门用于揭示地质特征在空间上的分布规律和相互关系。通过这些分析方法,研究人员能够识别地质现象的空间模式,理解地质过程的空间动态,为资源勘探、环境评估和灾害管理等提供科学依据。

(1)空间自相关分析:是空间关联分析中的一项基本技术,旨在评估一个地理空间中的变量是否在空间上存在自相关性,即地理位置相近的观测值是否具有相似的属性值。在地质学中,空间自相关分析可以应用于矿物含量、地震活动、地形地貌等特征的空间分布研究。通过计算空间自相关指数(如莫兰指数),研究人员可以判断地质特征在空间上是随机分布、均匀分布还是呈现某种集聚模式。例如若某个地区的矿产资源分布显示出显著的空间自相关性,则可能表明矿化作用受到特定地质因素,如构造活动或岩浆侵入的控制。

(2)空间聚类分析:是另一种重要的空间关联分析方法,通过将空间数据分组来识别具有相似属性值的相邻区域。在地质学中,空间聚类分析可以应用于地层划分、岩石类型映射、土壤侵蚀强度评估等领域。通过聚类算法,如 DBSCAN 或 K-means,研究人员可以在空间上识别出具有共同地质特征的区域,从而推断这些区域的成因联系或演化历史。例如通过空间聚类分析,可以将具有相似地球化学特征的岩石样本归类到同一组,从而推测它们可能来源于相同的岩浆源区。

除了空间自相关分析和空间聚类分析,空间关联分析还包括其他多种方法,如空间回归分析、空间趋势分析等。空间回归分析可以在考虑空间自相关性的基础上,建立地质特征与环境因素之间的数学模型,从而进行预测和推断。例如通过空间回归模型,可以评估地形地貌、气候条件等因素对土壤侵蚀的影响程度。空间趋势分析则可以揭示地质数据在空间上的变化趋势和方向，为地质过程的空间演化提供线索。

空间关联分析在地质学研究中的应用是多方面的，它不仅能够帮助研究人员发现地质特征的空间分布规律，还能揭示这些特征之间的相互关系和相互作用。

4. 时间序列关联分析

时间序列关联分析在地质学研究中具有重要的应用价值，它专注于研究地质事件随时间演变的规律和相互影响，通过时间序列相关性分析和时间序列聚类等方法，研究人员能够深入理解地质过程的时间动态，为资源勘探、环境评估和灾害预测等提供科学依据。

(1) 时间序列相关性分析：是时间序列关联分析中的基本技术之一，旨在量化不同时间序列数据之间的相关性。在地质学中，时间序列相关性分析可以应用于地震活动、沉积速率、气候变化等数据的时间依赖性研究。通过计算不同时间序列之间的相关系数，如皮尔逊或斯皮尔曼相关系数，研究人员可以判断这些地质现象之间是否存在同步变化或滞后关系。例如通过分析海平面变化与沉积速率的时间序列数据，可以揭示它们之间的相互作用和反馈机制。

(2) 时间序列聚类：是另一种重要的时间序列关联分析方法，通过将具有相似时间模式的数据聚集在一起来识别不同的时间序列类别。在地质学中，时间序列聚类可以应用于地层年代学、古气候变化、地质灾害频率等领域。通过聚类算法，如K-means或层次聚类，研究人员可以在时间上识别出具有共同演化特征的地质事件，从而推断这些事件的成因联系或演化历史。例如通过时间序列聚类分析，可以将具有相似气候变化模式的冰芯数据归类到同一组，从而推测过去气候的变化趋势。

(3) 时间序列分解与预测：时间序列关联分析还包括其他多种方法，如时间序列分解、时间序列预测等。时间序列分解可以将地质数据的趋势成分、季节性成分和随机成分分离开来，从而更好地理解地质过程的内在驱动机制。时间序列预测则可以基于历史数据建立模型，预测未来地质事件的发生概率和变化趋势。例如通过时间序列预测模型，可以预测未来地震活动的频率和强度，为防灾减灾提供科学指导。

时间序列关联分析在地质学研究中的应用是多方面的，它不仅能够帮助研究人员发现地质事件的时间演变规律，还能揭示这些事件之间的相互影响和相互作用。

总的来说，通过这些分析，研究人员可以更深入地探索地质数据，发现数据背后的联系和规律，为地质学的理论和实践做出贡献。

三、模式发现

1. 模式定义与分类

模式发现是地质学研究中的一项关键活动，旨在从大量地质资料中识别出具有某种规律性、重复性或异常性的特征或结构。这些模式不仅揭示了地质现象的内在联系，而且对于理解地球的演化历史、指导资源勘探和环境管理具有重要意义。

在地质学中,模式发现涉及多种类型的地质模式。地质构造模式描述了地壳中的构造活动和结构分布,如山脉的形成、断层的分布、盆地的演化等。通过识别这些模式,研究人员可以更好地理解地壳运动的机制,为地震风险评估和矿产勘探提供重要信息。矿产资源分布模式关注矿物资源的地理分布和地质背景,如矿床的类型、规模、形态以及与周围岩石的关系。通过分析这些模式,研究人员可以预测矿产资源的潜在分布区域,为资源开发和环境保护提供科学依据。地质灾害发生模式要关注地质灾害的空间分布、时间频率和成因机制,如滑坡、泥石流、地面沉降等灾害的发生规律。通过识别这些模式,研究人员可以评估特定区域的灾害风险,为灾害预防和减轻灾害影响提供策略。

除了上述模式外,地质学中还存在其他多种模式类型,如沉积模式、火山活动模式、古气候变化模式等。这些模式都有助于更深入地理解地球的过去、现在和未来。

模式发现的过程通常涉及数据的收集、处理和分析。研究人员首先需要收集大量的地质数据,如岩石样本、地震记录、遥感图像等,然后利用统计方法、数据挖掘技术、地理信息系统等工具来处理和分析这些数据,以识别出潜在的模式。

在模式发现过程中,研究人员还需要对发现的模式进行验证和解释。这可能涉及地质学的理论框架、实验模拟和现场调查等方法。通过这些验证和解释,研究人员可以确定模式的有效性,并解释其地质意义。

模式发现在地质学中的应用是多方面的,它不仅可以帮助研究人员解答科学问题,如地壳运动的机制和矿产资源的形成过程,还可以为实际问题提供解决方案,如提供灾害风险管理方法和资源开发策略等。

2. 模式发现方法

模式发现方法在地质学领域具有显著的实用性,包括一系列步骤,旨在从复杂的地质数据中提取有意义的信息,并识别出具有规律性、重复性或异常性的特征或结构。这些步骤通常包括数据预处理、特征提取、模式识别与验证等。

数据预处理是模式发现的第一步,它涉及数据的清洗、整合和转换。在地质学中,数据可能具有不同的来源,如地质调查、遥感观测、地球物理测量等,这些数据的格式和质量往往不尽相同。因此,数据预处理的目的是确保数据的一致性和准确性,为后续分析打下基础。这可能包括去除噪声、填补缺失值、标准化数据等操作。

特征提取是模式发现的关键步骤,它涉及从原始数据中提取出能够代表地质现象本质特征的变量。在地质学中,特征提取可能包括识别岩石类型、矿物含量、地震波速度等特征。通过特征提取,研究人员可以将复杂的地质信息简化为可管理的数据集,从而更容易地识别出潜在的模式。

模式识别与验证是模式发现的最后阶段,它涉及使用各种技术手段来识别和验证地质数据中的模式。具体的技术手段在地质资料模式发现中的应用是多方面的。其中,聚类分析是一种常用的模式识别方法,它可以根据数据的相似性将其分组,从而揭示潜在的地质结构。聚类分析可以用于识别地质构造模式,如通过聚类分析地震波速度数据,可以识别出地下的不同岩层分布。分类算法则可以基于已知的数据特征来预测未知样本的类别,如判断一个地区的矿产资源潜力。分类算法可以应用于矿产资源分布模式的发现,如通过决策树或支持向量机算法,可以根据地质、地球化学和遥感数据预测矿产分布。异常检测则专注于识别数据中的异常值或离群点,这些异常可能代表了特殊的地质事件或现象。异常检测则可以用于地质灾害发生模式的研究,如通过分析历史灾害数据,可以识别出哪些地区更易发生滑坡或泥石流。

第五节 地质资料的数据挖掘算法应用

数据挖掘算法的应用为地质学研究带来了变革,能够处理和分析海量地质数据,揭示隐藏的模式、趋势和关联,为地质学的不同领域提供新的见解与解决方案。

在地质资料的数据挖掘中,分类算法是一种被广泛应用的工具,它能够根据地质样本的特征(如岩石类型、矿化程度或地质灾害风险等级等)将样本归类。决策树算法通过构建树状模型来模拟决策过程,对地质样本进行分类。支持向量机算法则通过寻找最优超平面来区分不同类型的地质样本。这些分类算法在矿产勘探、地质灾害评估和地层分类等方面具有重要的应用价值。

聚类算法是另一种常用于地质资料分析的数据挖掘方法,与分类算法不同的是,聚类算法不需要预设类别标签,而是根据数据的相似性自动将地质样本分组。K-means算法是一种常见的聚类算法,通过迭代计算簇中心和样本分配来最小化簇内距离。层次聚类算法则构建了一个层级化的簇结构,帮助研究人员理解数据间的内在联系。聚类算法在地质构造分区、岩石地球化学分类和遥感图像分析等领域有着重要作用。

关联规则学习算法也在地质资料分析中占据一席之地,它旨在发现数据项之间的关联,即哪些数据项经常一同出现。在地质学中,关联规则学习可用于分析地质事件之间的相关性,如地震活动与地质构造的关系,或矿产资源分布与地质环境因子的关联。通过关联规则学习算法,研究人员可以揭示地质过程中的潜在规律,为资源勘探和灾害预防提供科学依据。

预测建模算法同样重要,它可以根据历史数据建立模型,预测未来的地质事件或趋势。回归分析算法可以用于预测矿产资源的储量或品质,时间序列分析算法可以预测地震活动的频率和强度,这些预测对于资源管理和灾害预防具有重要的指导意义。

数据挖掘算法在地质资料分析中的应用还涉及神经网络、深度学习、模糊逻辑等多种算法和技术。这些方法可以根据具体的研究目标和数据特点进行选择与组合,以达到最佳分析效果。

数据挖掘算法的应用为地质学研究提供了新工具和方法,帮助研究人员从复杂的地质数据中提取有价值的信息,揭示地质过程的时空演变规律。随着技术的进步和数据的积累,数据挖掘算法将在地质学领域发挥更重要的作用,为解决实际问题提供更多的可能。

第六节 地质资料分析与挖掘的可视化展示

一、可视化基础

1. 数据可视化定义与目的

数据可视化是一种利用图形、图像等视觉元素来展示数据信息的技术。它通过将数据映射到视觉元素属性（如位置、大小、颜色、形状等），使数据特征、模式和趋势得以直观展现。数据可视化的核心概念包括数据表达方式、视觉元素设计原则和人机交互机制。数据表达方式涉及如何将数据转化为视觉元素，视觉元素设计原则涉及如何选择合适的视觉元素有效传达数据信息，而人机交互机制则涉及如何让用户与可视化结果互动，以探索数据和发现知识。

可视化在地质资料分析中的主要目标包括增强数据洞察力、辅助决策制订和促进知识传播。通过直观地呈现复杂的地质数据，可视化帮助研究人员更好地理解数据特征和模式，从而增强对地质现象的理解。例如绘制地震震中分布图可以让研究人员直观地观察到地震活动的地理分布特征，推测地壳的运动趋势。

此外，可视化还可以辅助决策制订。在地质学领域，研究人员和决策者需根据地质数据作出各类决策，如资源勘探、灾害预防和环境保护等。通过可视化，可以将关键信息以直观形式展示出来，帮助决策者快速理解问题本质，做出科学决策。例如绘制矿产资源分布图和地质环境风险图，可帮助决策者综合考虑资源开发价值与环境风险，制订合理的开发策略。

可视化还能促进知识传播。地质学是一门涵盖广泛领域的学科，其研究成果需与其他领域的研究人员和公众交流。通过可视化，可以将复杂的地质信息以易于理解的形式展示出来，促进跨学科知识的传播和普及。例如制作地质时期动画模拟，可以生动展示地球历史，提高公众对地质学的兴趣和认识。

2. 数据可视化类型

数据可视化在地质学领域应用广泛，通过不同类型的可视化将复杂地质数据转化为直观图形，帮助研究人员分析和解释数据。以下是一些常见数据可视化类型及其应用场景和优点。

(1)二维图表是地质资料分析中常用的可视化类型之一。柱状图适用于显示不同类别之间的比较，如不同岩石类型矿物含量的比较；折线图适用于显示时间序列数据的变化趋势，如地震活动的历史记录；散点图则适用于显示两个变量之间的关系，如孔隙度与渗透率的相关性分析。这些图表类型能够清晰地展示数据特征和模式，便于研究人员快速理解和解释数据。

(2)三维模型在地质学中也扮演着重要角色。地质体建模通过建立地下结构三维模型，帮助研究人员了解地质体的形态、大小和分布，为资源勘探和开发提供指导。地形可视化则将地形数据以三维形式呈现出来，帮助研究人员了解地形起伏和地貌特征，对地质灾害评估和环境保护具有重要意义。

（3）交互式可视化是近年来兴起的一种可视化类型。动态图表可以根据用户输入或选择实时更新图表内容，使用户能够即时观察数据变化和趋势。地图交互允许用户在地图上进行缩放、平移和选择操作，更好地探索空间数据。这些交互式可视化类型不仅增加了数据呈现方式，还提高了用户的参与度和探索性，使数据分析更加直观和灵活。

（4）热力图是一种通过颜色变化来表示数据矩阵的可视化类型。在地质学中，热力图可以用于显示地球物理测量数据、矿物含量分布等信息。通过颜色的渐变和差异，研究人员可以直观地观察到数据中的异常值和趋势，发现潜在的地质现象。

（5）网络图是一种用于表示实体间关系的可视化类型。在地质学中，网络图可以表示地震事件的关联性、矿产资源的供应链关系等。通过节点和边的布局与样式，研究人员可以清楚地了解实体间的关系和结构，揭示地质过程的内在机制。

（6）地图是地质学中最常用的可视化类型之一，它通过将地理数据映射到地图上，帮助研究人员了解地质现象的地理分布和空间关系。地图可以显示地震震中位置、矿产资源分布、地质灾害风险区域等信息。通过地图的视觉呈现，研究人员可以直观了解地质现象的地理位置和范围，从而为决策制订提供依据。

这些可视化类型在地质资料展示中各有适用场景和优势。二维图表适用于展示数据的统计特征和趋势；三维模型适用于展示地质体的形态和结构；交互式可视化适用于数据的探索和分析；热力图适用于显示数据矩阵和异常值；网络图适用于表示实体间关系；地图则适用于展示地质现象的地理分布。在选择可视化类型时，研究人员需要综合考虑具体的研究目标和数据特性。随着技术进步和数据积累，新的可视化类型也在不断出现，为地质学研究提供了更多选择和可能性。

二、地质资料可视化分析流程

1.地质资料数据准备

地质资料的数据准备是可视化分析流程中至关重要的一步，因为它直接影响可视化结果的准确性和可靠性。数据清洗是这一过程的首要任务，包括对原始地质数据中的缺失值、异常值和重复值进行处理。缺失值可以通过填充、插值或删除等方式处理，避免影响后续分析；异常值需要通过箱线图、Z-Score等方法识别，并根据实际情况决定保留、修正或删除；重复值则需要检测并移除，确保数据的一致性。

（1）数据预处理是对清洗后的数据进行转换和规范化，使其符合后续分析和可视化需求。这包括数据类型转换，如将连续变量转为分类变量或将文本数据转为数值数据；数据规范化则是将数据调整到统一尺度，如通过归一化处理，使不同量纲和范围的数据能在同一尺度下进行比较和分析。

（2）数据整合是将不同来源的地质数据进行合并和对齐，形成完整数据集。这可能涉时间序列数据的对齐、空间数据的配准,以及不同测量方法和仪器的数据整合。数据整合过程中需要注意数据的一致性和可比性,确保不同数据源的信息能够相互补充和验证。

(3)数据准备过程中还需进行数据质量评估,包括数据的准确性、完整性、一致性和时效性。准确性指数据是否真实地反映地质现象;完整性指数据是否包含必要信息;一致性指数据在不同时间和空间上的连续性;时效性指数据是否能反映最新的地质状况。通过数据质量评估,可以进一步确保数据可靠性,为后续可视化分析提供坚实基础。

地质资料的数据准备是一个复杂而细致的过程,需要研究人员具备严谨的态度和扎实的数据处理技能。通过数据清洗、预处理和整合,研究人员可以确保数据质量符合可视化要求,从而为后续分析和决策提供可靠依据。随着技术的进步和数据积累,地质资料的数据准备将更加高效、准确,为地质学研究带来更多的可能性和机遇。

2.地质资料特征提取

特征提取是地质资料可视化分析流程中的关键步骤,涉及从原始数据中识别和提取对研究目标有潜在意义的特征与指标。这些特征和指标不仅能反映地质现象的本质特征,还能为后续可视化展示提供基础数据。

(1)统计分析是特征提取的基本方法之一。通过计算地质数据的统计量(如均值、中位数、标准差、变异系数等),可以揭示数据的分布特征和离散程度。相关性分析可以揭示不同地质指标之间的相互关系,如地震活动与地壳运动之间的相关性。主成分分析则可以将多个地质指标综合为少数几个主成分,简化数据结构。

(2)频谱分析是地质数据处理中的常用方法。通过对时间序列数据进行傅里叶变换或小波变换,可以将数据分解为不同频率的成分,揭示地质过程的周期性和趋势性。例如对地震波形数据进行频谱分析,可以提取出地震波的优势频率,推断地层岩性和厚度。

(3)图像处理技术在地质学中也发挥着重要作用。通过遥感图像的解译和分类,可以提取地表的线性构造、环形构造和地貌特征等信息。此外,通过图像分割和边缘检测等技术,可以从地震剖面图中提取地下构造信息。

(4)机器学习算法在地质学中的应用逐渐增多。通过训练分类模型,可以自动识别地质样本的类别,如岩石类型、矿化程度等;回归模型则可以预测地质指标数值,如矿产资源储量、地质灾害风险等级等。此外,聚类算法可以将地质样本划分为不同群组,揭示其内在的相似性和差异性。

(5)空间分析是地质学中不可或缺的特征提取方法。通过空间插值技术,可以将离散地质数据转换为连续空间分布图,如地质图、地形图等;空间自相关分析则可以揭示地质现象在空间上的集聚性和异常性,如矿产资源富集区、地质灾害高发区等。

地质学中的其他特征提取方法还包括地层对比、地球物理反演、地球化学分析等。这些方法可以根据具体研究目标和数据特性进行选择与组合,以实现对地质资料的深入挖掘和分析。

特征提取不仅依赖于有效的算法和方法,还依赖于研究人员的专业知识和经验。通过对地质资料的深入理解和分析,研究人员可以选择合适的特征提取方法,并结合实际情况进行参数调整和结果验证。最终,提取出的关键特征和指标将为后续可视化展示提供丰富的基础数据,帮助研究人员更直观地呈现地质现象和规律。

3.地质资料可视化设计

地质资料的可视化设计是将数据转换为直观图形的过程,要求研究人员根据分析目的和数据特性选择合适的可视化类型与布局。在设计过程中,色彩、图形和交互等元素的作用至关重要,它们不仅能够提升可视化效果,还能够帮助研究人员更有效地传达信息。

(1)选择合适的可视化类型是设计的基础。对于展示地质构造和地貌特征的数据,三维模型如地质体建模和地形可视化可能是最佳选择,因为它们能够直观呈现地下结构和地表起伏;而对于展示岩石矿物含量、地震活动等数据,二维图表如柱状图、折线图和散点图则更为合适,它们能够清晰展示数据趋势和关系。此外,热力图和网络图等特殊类型的图表也可以根据具体需求进行选择。

(2)布局设计是可视化设计的重要组成部分。一个好的布局应该能够引导观众视线,突出重要信息,同时保持整体平衡和协调。例如在地图上展示地震震中分布时,可以将震中以不同颜色和大小表示,并按地震强度排列,既突出强震区域,又保持整体视觉效果。在设计布局时,还需考虑空间利用和信息层次,避免信息过度压缩或分散。

(3)色彩是提升可视化效果的重要元素之一。通过使用不同颜色表示不同地质特征或数据范围,可以增强可视化的直观性和可读性。例如在地质图上使用不同颜色表示不同岩石类型和矿化程度,可以帮助研究人员快速识别和比较不同区域的地质特征。但在使用色彩时也需注意颜色的选择和搭配,避免使用过于刺眼或相似的颜色组合。

(4)图形设计是提升可视化效果的关键因素。通过使用合适的图形表示数据,可以使数据更加直观和易于理解。例如在展示矿产资源储量数据时,可以使用饼状图表示不同矿产的占比,或使用柱状图比较不同矿区的储量大小。此外,图形设计还需考虑其形状、大小和标签等细节,以确保信息准确传达。

(5)交互元素在提升可视化效果中也发挥着重要作用。通过添加交互元素,如动态图表和地图交互,可以增强可视化的探索性和参与感。例如在一个地震活动的交互式可视化系统中,用户可以选择特定时间段或地区,系统会实时更新图表以展示相关地震数据。这种交互方式不仅增加了数据的呈现方式,还提高了用户的参与度和探索性。

可视化设计是一个不断迭代和优化的过程。在设计过程中,研究人员需要不断调整和改进色彩、图形和交互等元素,以达到最佳的可视化效果。同时,还需结合实际情况进行可视化的测试和评估,以确保其准确性和有效性。

4.地质资料的实施与调整

地质资料的实施与调整是可视化流程的关键环节,涉及可视化工具的选择与使用,以及根据反馈进行调整和优化的过程。在选择可视化工具时,研究人员需要考虑数据特性、分析目的及自身技能和经验等因素。以下是一些常用的可视化工具及其在地质学中的应用。

(1)专业软件:如 ArcGIS 和 Surfer 是地质学中被广泛使用的工具,它们提供了丰富的功能和模块,可以处理和可视化各种地质数据。ArcGIS 具有强大的空间分析能力,可以绘制复杂地图和创建三维场景;而 Surfer 则擅长处理地表和地下水等数据,可以生成高质量等值线图和地形图。这些软件通常具有用户友好的界面和详细的文档,适合地质学研究人员进行专业的数据分析和可视化。

(2)编程语言:如 Python 和 R 也是地质学中常用的可视化工具。Python 拥有丰富的数据科学库(如 Matplotlib、Seaborn 和 Plotly),可以创建各种类型图表和交互式可视化;而 R 则以统计建模和图形展示著称,其 GGplot2 包提供了一套全面的绘图系统。这些编程语言具有灵活性高、可扩展性强的特点,适合研究人员进行自定义数据分析和可视化。

(3)在线平台:Tableau 和 D3.js 也是地质学中有用的可视化工具。Tableau 是一款强大的数据可视化软件,支持拖拽式操作和实时分析,可以快速生成复杂图表和仪表板;而 D3.js 则是一个基于 JavaScript 的开源库,可以创建高度动态和交互式网页可视化。这些在线平台易于分享和协作,适合研究人员进行快速数据分析和可视化。

在实施过程中,研究人员需要根据反馈进行调整和优化,包括对可视化结果进行评估和测试,以确保其准确性和有效性。如果发现可视化结果不符合预期或存在错误,研究人员需要回到数据准备或特征提取阶段进行检查和修正。此外,研究人员还需根据用户反馈和需求进行调整,如增加交互元素、优化色彩搭配、调整图表布局等。

在调整和优化过程中,研究人员还可以考虑使用其他可视化工具或技术。例如如果发现现有工具无法满足特定分析需求,可以尝试使用其他编程语言或库;如果发现现有可视化效果不佳,可以尝试使用其他色彩方案或图表类型。通过不断尝试和改进,研究人员可以找到最适合当前分析目的和数据特性的可视化工具与技术。

地质资料可视化分析流程如图 4-3 所示。

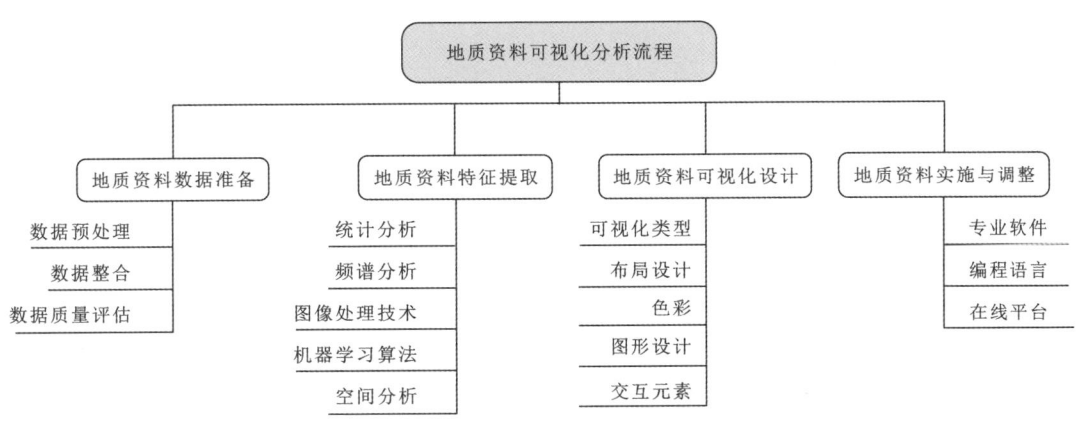

图 4-3 地质资料可视化分析流程图

三、可视化技术发展与挑战

数据可视化技术在地质学领域的发展正迎来前所未有的机遇与挑战。随着地质数据的多样化和复杂化,传统的二维图表和地图已难以满足研究人员对深层次、多维度信息探索的需求。因此,三维建模、虚拟现实、增强现实等技术的引入,为地质资料的可视化提供了新的可能性。

三维建模技术能够更加精确地呈现地质结构的形态和属性,通过重建地下岩石层的三维图像,研究人员可以更直观地分析地质构造、沉积过程及矿物分布。此外,三维建模还能模拟地下水流动、油气运移等过程,为资源开发和环境保护提供科学依据。然而,三维建模也面临着数据处理量大、建模速度慢等技术难题,这要求研究人员在算法优化和计算资源方面进行不断探索与改进。

虚拟现实和增强现实技术则为地质资料的可视化带来了沉浸式体验。通过这些技术,研究人员可以"身临其境"地观察地质现象,如在虚拟环境中漫游矿床、探索地球内部结构等。这种互动性和沉浸感极大地提升了数据分析的效率与准确性,尤其有助于年轻学生和新入行的地质工作者快速理解与掌握复杂的地质概念。但目前这些技术的设备成本较高,且需要与专业的地质知识相结合,才能发挥出最大效用。

随着人工智能和机器学习的兴起,智能可视化成为地质学领域的新趋势。通过训练神经网络识别地质图像、预测矿产资源分布等任务,可以大大提高数据分析的自动化程度和准确性。然而,人工智能在地质学中的应用仍面临诸多挑战,如数据多样性与复杂性导致的模型泛化能力不足,以及地质领域专业知识与机器学习算法之间的融合问题等。

在可视化技术快速发展的同时,数据安全和隐私保护也成为不可忽视的问题。地质数据往往涉及国家安全和个人隐私,如何在保证数据安全的前提下进行有效的数据共享和可视化,是未来研究的重要方向。可能需要建立一套完善的数据管理体系,包括采取数据加密、访问控制、匿名处理等措施,以确保数据的安全和合规使用。

第五章 地质资料的共享与服务

第一节 地质资料的共享机制与平台建设

一、地质资料共享的意义与挑战

1.共享的意义

在当今数据驱动的时代背景下,数据的价值不仅仅体现在初次使用上,更重要的是能够被不同的研究人员、企业和公众反复利用并从多个角度进行分析。共享数据可以提高数据的利用率,避免科研人员在不同项目中重复采集相同或类似的数据,这样不仅浪费了宝贵的人力和物力资源,也延缓了科学发现的步伐。通过共享,宝贵的人力和物力资源可以被节约下来,投入到更有价值的研究活动中去。

数据共享还能显著促进知识的交流与合作,加快科研成果的转化与应用。在地质学领域,不同的研究团队可能专注于不同的研究问题和地区。通过共享数据,这些团队可以互相补充和完善各自的研究成果,推动科学进步。例如一个团队可能拥有某个地区的详细地质构造数据,而另一个团队可能擅长矿产资源的评估,通过共享数据,两个团队可以合作,更全面地评估该区域的资源潜力,并共同推进相关的开发项目。

地质资料的共享还为政府、企业和公众提供了科学决策的支持。政府在进行城市规划、灾害预防和环境保护等决策时,需要依赖准确的地质信息来评估各种方案的可行性和风险。同样,企业在勘探和开发矿产资源时,也需要依靠详尽的地质资料来指导勘探方向和优化生产策略。此外,公众也能从地质资料的共享中受益,如了解地质灾害风险、参与环境保护活动等。

2.地质资料共享面临的挑战

在地质资料共享的实际操作中,人们面临着一系列严峻挑战,这些挑战涉及数据标准、版权与隐私保护以及技术与资金等多个方面。

(1)数据标准的差异成了共享的一大障碍。不同的研究机构、企业和政府部门可能采用不同的数据收集和处理标准,导致数据在格式、精度、坐标系统等方面存在显著差异。这些差异不仅使得数据整合变得困难,还可能导致数据的误解和误用。为了克服这一挑战,需要制定统一的数据标准,并推动各部门和机构采用这些标准。此外,还需要建立数据转换和映射机制,以实现不同来源数据的有效对接。

（2）版权与隐私保护也是地质资料共享中不可忽视的问题。数据所有权和使用权的不明确，可能会导致数据共享过程中的纠纷和法律问题[14]。同时，地质数据可能涉及敏感信息，如矿产资源分布、地下水状况等，这些信息的泄露可能会对国家安全、企业竞争力和个人隐私造成威胁。因此，在共享数据时，必须确保数据所有权和使用权的清晰界定，并采取严格的数据加密和访问控制措施，以保证数据的安全和隐私。

（3）技术与资金障碍是制约地质资料共享的另一个重要因素。建设和维护一个高效、安全的地质资料共享平台需要先进的技术支持和充足的资金投入。然而，对许多研究机构和政府部门来说，这样的投入可能是一个沉重的负担。此外，技术的更新换代也需要持续的资金支持，这对于长期维持共享平台的运行构成了挑战。为了克服这一挑战，可以通过政府资助、企业合作和社会资本等多种渠道筹集资金，同时也可以探索新的技术和模式，以降低成本并提高效率。

除了上述挑战外，地质资料共享还面临着其他一些问题。例如数据质量和完整性的问题可能导致共享数据的准确性与可靠性受到质疑。此外，不同部门和机构之间缺乏合作与互信也可能阻碍数据共享的实现。为了解决这些问题，需要建立严格的数据质量控制机制，并推动跨部门、跨机构的合作和交流。

二、地质资料共享机制设计

1. 标准规范制定

为了实现有效的数据共享，必须建立一套全面的数据标准，涵盖数据的收集、处理、存储和交换等各个环节。这些标准需要包括数据格式、数据精度、坐标系统以及元数据描述等多个方面，以确保数据的一致性和可读性。同时，还需要制定一套数据交换格式，使得不同来源的数据能够无缝对接，便于数据的整合和应用。

在制定数据标准的过程中，需要充分考虑地质学领域的特殊性和复杂性。地质数据往往具有多维、多尺度的特点，涉及地球表层、地下、海洋等多个层面，因此数据标准需要能够适应这种多样性。此外，地质数据的收集往往需要大量的时间和资源投入，一旦数据标准发生变化，可能会导致已有数据无法使用，造成资源的浪费。因此，在制定数据标准时，需要保证一定的稳定性和前瞻性，确保标准的长期适用性。

除了数据标准外，还需要建立一套质量控制体系来保证数据的准确性和可靠性。这包括制定严格的数据收集和处理规范，对数据进行质量检查和评估，并定期进行数据的更新和维护。同时，还需要建立相应的监督机制来确保各项标准和规范得到有效执行。

为了推动标准在行业内的普及和应用，需要采取多种措施。首先，可以通过举办研讨会、培训班等形式来宣传和推广数据标准的重要性及应用方法。其次，可以与行业协会、科研机构等合作，共同推动标准的制定和实施。最后，还可以通过政策引导和经济激励等方式来鼓励企业和研究机构采用这些标准。

在推动标准应用的过程中，可能会遇到一些挑战。一方面，由于习惯和利益等因素，部分机构可能不愿意改变现有的数据收集和处理方式；另一方面，标准的实施可能需要投入额外的资源和成本,对于一些小型机构来说可能存在困难。为了克服这些挑战,需要提供足够的技术支持和资金援助,帮助机构顺利过渡到新的标准体系。

标准规范的制定是地质资料共享机制设计的关键步骤之一。通过建立完善的数据标准和交换格式,可以实现数据的有效整合和应用;通过建立质量控制体系,可以保证数据的准确性和可靠性;通过推动标准的普及和应用,可以提高数据的互操作性和共享效率。标准规范制定过程中可能面临一些挑战和困难,但建立起一套科学、高效的地质资料共享机制是重中之重。

2. 共享协议与流程

一个明确、高效的共享流程能够确保数据资源的有序流通和合理利用,从而发挥数据的最大价值。为了实现这一目标,需要设计一套包括数据共享的申请、审核、授权和使用等环节的完整流程,并明确数据提供方、使用方和管理方的权利与义务。

首先,共享流程的设计要注重实用性和可操作性。数据共享的申请过程应简洁明了,避免烦琐的手续和不必要的延误。申请人需要提供充分的信息,以证明其数据需求的合理性和合法性。同时,审核过程要严格把关,确保数据共享符合相关法律法规和伦理规范。在授权阶段,应根据数据的特性和使用需求,明确授权范围和期限,防止数据滥用和泄露。最后在使用过程中,应对数据进行有效的管理和监督,确保数据的安全性和合规性。

其次,共享协议的内容应全面且具体。协议中需要明确数据提供方的权利和义务,如数据的所有权归属、数据的更新和维护责任等。同时,也要规定数据使用方的权利和义务,如数据的使用目的、使用方式、成果分享等。

再次,管理方作为共享平台的运营者,也要承担起相应的责任,如平台的技术维护、用户服务、纠纷处理等。通过明确的协议内容,可以有效地规范各方的行为,保护各方的合法权益。

最后,在共享协议与流程的实施过程中,可能会遇到一些挑战和困难。一方面,由于地质资料的特殊性和复杂性,很难对所有数据都适用同一套共享协议和流程。因此,需要根据数据的不同类型和特点,制订更加灵活、细致的协议和流程。另一方面,随着技术的发展和市场需求的变化,共享协议和流程也需要不断地进行调整与完善。这要求管理方具备敏锐的市场洞察力和技术创新能力,以便及时响应变化并做出调整。为了克服这些挑战,可以采取以下措施:一是加强行业合作和交流,共同探讨和制定更加科学、合理的共享协议和流程;二是引入先进的技术和工具,提高共享平台的效率和安全性;三是建立完善的用户反馈机制,及时收集用户的意见和建议,不断优化共享体验。

共享协议与流程是地质资料共享机制设计的核心环节之一,通过设计合理的共享流程和明确的共享协议内容,可以有效地规范数据共享行为,保护各方的合法权益。

3. 激励机制

在地质资料共享机制的设计中,激励机制的建立是一个不可或缺的环节。为了鼓励数据贡献者积极参与共享活动,提高数据的更新频率和质量,需要探索并实施一系列有效的激励措施。这些措施可以包括积分奖励、优先使用权等,旨在激发数据提供方的积极性,促进数据资源的流通和价值最大化。

积分奖励是一种直观且实用的激励方式。通过为数据提供方设立积分账户,根据其上传的数据量、数据质量以及数据被使用的频率等因素来计算积分,数据提供方可以使用这些积分来兑换一定的资源或服务。这种奖励机制不仅能够增加数据提供方的参与度,还能够促使其更加注重数据质量和更新频率,从而提升整个共享平台的数据水平。

除了积分奖励外,优先使用权也是一种有效的激励手段。对于那些积极贡献数据的资源提供方,可以赋予其在一定期限内对特定数据的优先访问和使用权利。这种权利不仅可以满足数据提供方的实际需求,还能够进一步促进数据的流通和共享。同时,这也有助于建立起一种良性循环,让更多的人愿意参与到数据共享中来。

在设计激励机制时,还需要考虑数据提供方的实际需求和心理预期。不同的数据提供方可能有不同的动机和目标,因此需要制订多样化的激励措施来满足不同需求。例如对于高校和科研机构来说,他们可能更看重数据共享带来的学术声誉和社会影响;而对于企业来说,则可能更关注数据共享带来的经济效益和市场竞争力。因此,在制订激励机制时,需要充分了解各方的需求和期望,制订出既公平又有吸引力的激励方案。

激励机制的实施也需要一个完善的技术和管理平台来支撑。这包括建立可靠的积分管理系统、高效的数据处理流程以及便捷的用户服务平台等。这些平台的建设需要投入大量的人力和物力资源,同时也需要不断地进行更新和维护以适应不断变化的市场需求及技术环境。

激励机制是地质资料共享机制设计中的重要组成部分。通过探索并实施积分奖励、优先使用权等激励措施,可以有效地鼓励数据提供方积极参与共享活动,提高数据的更新频率和质量。

三、地质资料共享平台建设

1. 平台架构设计

地质资料共享平台建设是实现数据共享的关键环节,其中平台架构设计尤为关键。一个优秀的平台架构应当具备清晰的功能模块划分、强大的可扩展性、严密的安全性和良好的易用性。这样的设计能够确保平台的长期稳定运行,并为用户提供便捷、高效的数据共享服务。平台架构设计思路如图 5-1 所示。

在功能模块设计方面,地质资料共享平台需要包含数据管理、共享服务和用户交互等核心模块。数据管理模块负责数据的存储、维护和更新,确保数据的完整性和准确性;共享服务模块则提供数据的检索、申请和下载等功能,使用户能够方便地获取所需数据;用户交互模块则负责用户的注册、登录、反馈等操作,提升用户体验。通过合理的模块划分和协同工作,平台能够实现数据的有效管理和高效共享。

平台的可扩展性也是设计中的重要考虑因素。随着数据量的不断增长和用户需求的不断变化,平台需要具备灵活的扩展能力以适应这些变化。这包括硬件资源的扩展、软件功能的升级以及服务能力的提升等方面。通过采用模块化、微服务等设计理念和技术手段,可以

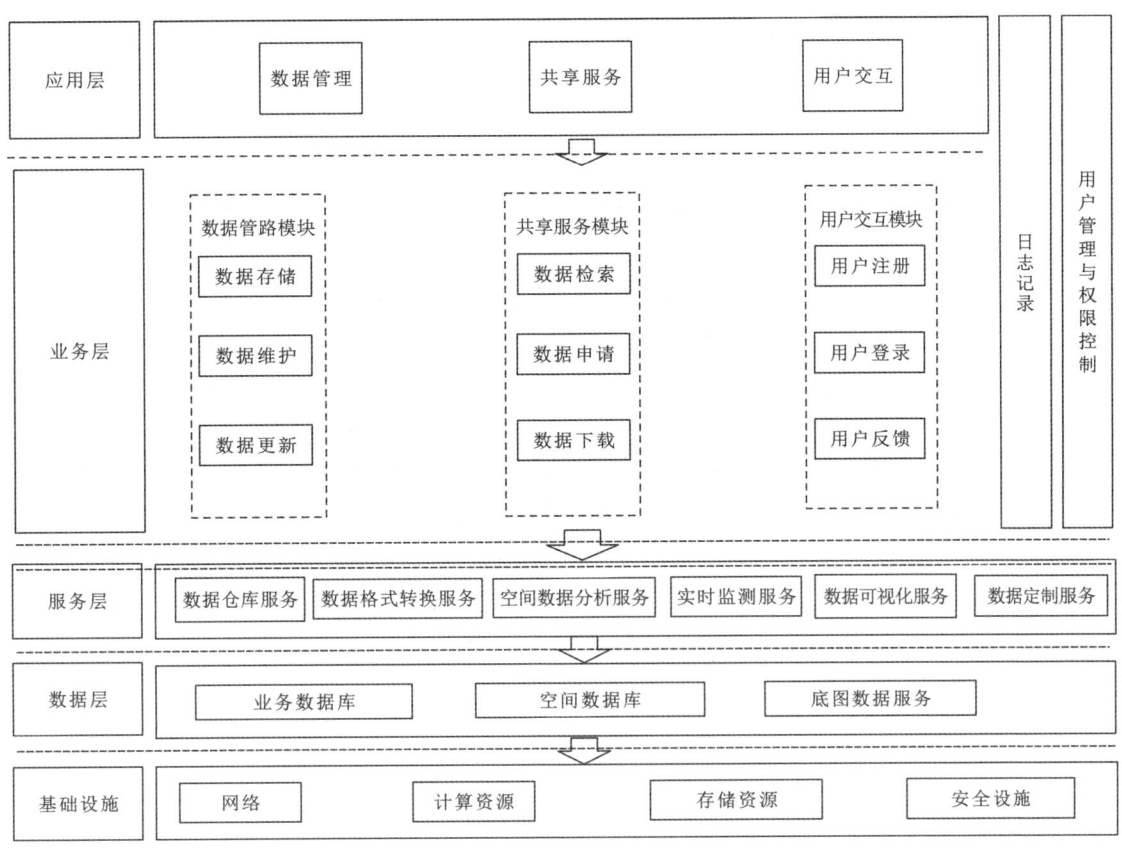

图 5-1 平台架构设计思路图

使平台在不影响现有服务的情况下进行扩展和升级,保持其持续的服务能力。

安全性是地质资料共享平台设计中的重中之重。数据的安全关系到个人隐私、企业利益乃至国家利益,因此平台必须采取严格的安全措施来保护数据不被非法访问、篡改或丢失。这包括数据加密、访问控制、安全审计等多个环节。同时,还需要建立应急响应机制,对可能发生的安全事件进行快速响应和处理,确保数据的安全可靠。

易用性同样不容忽视。一个难以使用或者用户体验糟糕的平台将大大降低用户的使用意愿和效率。因此,在设计过程中需要注重用户界面的友好性、操作流程的简便性以及帮助文档的详尽性等方面。通过提供直观的操作界面、清晰的指引和及时的帮助支持,可以降低用户的使用门槛,提高用户的满意度和忠诚度。

2. 数据整合与存储

在地质资料共享平台的建设中,数据整合与存储是实现高效数据共享的基础。面对来源多样的地质资料,包括传统的纸质资料、数字化数据以及实时监测数据等,如何有效地整合和存储这些数据,确保它们的安全性和可访问性,是一个需要深思熟虑的问题。为了面对这一挑战,可以采取以下策略和技术措施。

(1)在数据整合方面,建立一个中心化的数据仓库是一个有效的方案。这个仓库应该能够容纳不同格式和类型的数据,包括GIS数据、遥感图像、地质报告、分析结果等。通过使用先进的数据整合技术,如ETL工具,可以将这些多源数据进行清洗、转换并加载到数据仓库中。此外,对于纸质资料,可以通过扫描和OCR识别技术将其转换为电子版,进而实现数字化管理。

(2)对于实时监测数据,如地震监测数据、地下水位数据等,需要采用流数据处理技术来确保数据的实时性和准确性。这通常涉及消息队列、实时数据处理框架等技术的应用。通过这些技术,可以实现对实时数据的快速处理和分析,为用户提供即时的地质信息。

(3)在数据存储方面,采用高效的存储技术至关重要。对于地质资料这种大规模的数据集,分布式存储系统是一个理想的选择。它能够提供高可靠性、高可扩展性和高吞吐率,满足海量数据的存储需求。同时,通过冗余备份和故障转移机制,可以确保数据的安全性和可用性。

(4)数据的安全性也是存储系统设计中的重要考虑因素。这包括数据的加密、访问控制、安全审计等多个环节。通过采用最新的加密算法和技术,可以保证数据在存储和传输过程中的安全[15]。同时,需要实施严格的访问控制策略,确保只有授权用户才能访问特定的数据。除了硬件层面的安全措施外,还需要考虑数据管理层面的安全措施,这包括定期的数据备份、恢复演练、安全培训等。通过这些措施,可以降低数据丢失或被篡改的风险,提高整个平台的数据安全性。

(5)易用性也是数据整合与存储设计中不可忽视的一环。为了让用户更方便地访问和使用数据,需要提供直观的用户界面和强大的搜索功能。通过建立数据目录和元数据管理系统,可以帮助用户快速定位到所需的数据。此外,提供数据下载、预览等功能也能大幅提升用户体验。

3.共享服务开发

在数据查询方面,共享平台需要提供一个强大的搜索引擎,使用户能够通过关键词、时间、地点、数据类型等多种条件进行快速检索。这要求数据必须具备良好的元数据描述,以便系统能够准确地理解用户的查询意图并提供相关结果。此外,高级搜索功能如模糊匹配、组合查询等也能极大地提升用户体验。

数据下载服务则要求平台能够提供稳定、高速的数据传输服务。对于大容量数据,采用分块传输或压缩技术可以有效地提高传输效率。同时,为了保证数据的安全性和合规性,平台需要实施严格的访问控制和审计机制,确保只有授权用户才能下载数据,并对下载行为进行记录和监控。

数据可视化服务是提升用户体验的重要手段。通过将复杂的地质数据转换为直观的图表、地图或三维模型,用户可以更轻松地理解和分析数据。为此,共享平台需要集成多种可视化工具和库,如GIS软件、绘图库等,并提供易于操作的用户界面。通过这些工具,用户可以创建个性化的视图,展示自己关心的数据维度和特征。

除了基本的数据服务外,共享平台还应支持数据定制和加工服务。不同的用户可能有不同的数据需求和使用场景,因此提供灵活的数据定制服务显得尤为重要。用户可以通过在线表单、API调用等方式提交自己的需求,如数据裁剪、格式转换、数据融合等,然后由平台的后台系统进行处理并返回结果。这种服务不仅可以满足用户的个性化需求,还可以促进数据的深加工和价值挖掘。

为了实现这些共享服务,平台需要具备强大的后端处理能力。这包括高性能的服务器集群、可靠的存储系统、高效的数据处理算法等。同时,还需要一支专业的技术团队来维护和优化这些服务,确保它们能够稳定、高效地运行。

4. 用户管理与权限控制

地质资料共享平台的用户管理与权限控制是确保数据安全、实现合规共享的关键环节。一个良好的用户管理与权限控制系统需要综合考虑用户注册、认证、授权等各个环节,并采用基于角色的访问控制模型来确保数据的安全共享。

在用户注册环节,平台需要提供一个简洁易用的注册界面,让用户能够方便地创建账户。注册时可以要求用户提供必要的信息,如姓名、单位、联系方式等,并进行初步的信息验证。对于敏感信息,如密码等个人信息,应采取加密存储和传输措施以保护用户隐私。此外,还可以通过邮件验证、手机验证等方式进一步确认用户身份,增强账户的安全性。

用户认证是确保用户身份真实性的关键步骤。平台应支持多种认证方式,如密码认证、单点登录等,以满足不同用户的需求。在认证过程中,应采用安全的认证协议和算法来防止密码泄露和身份冒充等攻击行为。同时,还可以实施多因素认证策略,如结合密码和手机验证码等多重验证方式,提高认证的准确性和安全性。

授权管理是实现细粒度权限控制的基础。平台需要定义一系列精细化的权限,如数据浏览权、下载权、编辑权等,并将这些权限分配给不同的用户或用户组。通过采用基于角色的访问控制模型,可以将用户根据其职责和需求归入不同的角色,如管理员、普通用户、访客等,并为每个角色分配相应的权限集合。这样可以实现对用户权限的批量管理和快速调整,提高管理效率和灵活性。

在实现基于角色的权限控制时,平台还需要提供便捷的权限配置和管理工具。管理员可以通过图形化界面轻松地创建角色、分配权限和调整权限设置。同时,平台还应支持权限的继承和覆盖机制,以满足复杂的权限控制需求。

为了确保数据的安全共享,平台还需要实施严格的访问控制策略和审计机制。访问控制策略应确保只有授权用户才能访问特定的数据,并对敏感数据实施额外的保护措施,如加密存储和传输、访问日志记录等。审计机制则应对用户的操作行为进行完整记录和监控,以便在发生安全事件时追溯和定位问题。

四、平台运营与推广

1. 运营管理

一个有效的运营管理系统需要涵盖运营策略制订、管理制度建设以及平台状态监测等多个方面,同时结合用户反馈和问题处理机制来不断优化服务。

(1)在运营策略制订上,首先需要明确平台的市场定位和目标用户群体。这涉及对地质资料共享需求的深入调研和分析,包括科研、教育、产业等领域的需求特点和变化趋势。基于这些信息,可以制订出具有针对性的市场进入策略和用户增长计划。例如针对科研领域,可以优先共享高质量的研究数据和成果;针对产业应用,则可以强调数据的实用性和经济效益。

(2)管理制度的建设是保障平台规范运营的基础,包括用户管理、数据管理、安全管理等多个方面的规章制度。用户管理制度要明确用户的权利和义务,规定用户的注册、认证、授权流程以及合理使用数据的行为准则。数据管理制度则要规定数据的采集、存储、审核、发布等流程,确保数据的质量和安全。安全管理制度则需要涵盖数据加密、备份、恢复、防灾等措施,以应对各种可能的安全威胁。

(3)平台状态监测是确保服务质量的重要环节。通过建立一套完善的监控体系,可以实时监测平台的运行状态,包括服务器负载、响应速度、数据传输效率等关键指标。一旦发现异常情况,应立即启动应急预案进行处理,以最小化对用户的影响。同时,还可以通过定期的性能评估和优化来提升平台的处理能力与稳定性。

(4)用户反馈和问题处理机制是提升用户体验与改进服务的重要途径。平台应提供便捷的反馈渠道,鼓励用户提出意见和建议。对于用户反馈的问题,需要及时响应并分类处理。常见问题可以通过自动化工具进行快速解答,而复杂问题则需要人工介入并提供个性化的解决方案。处理过程中要保持与用户的沟通,确保问题能够得到有效解决。

除了上述基本要素外,平台还需要关注一些特殊的运营需求。例如版权保护是地质资料共享中的一个重要问题。平台需要建立严格的版权审核和管理机制,确保共享的数据不侵犯他人的知识产权。此外,还需要考虑到数据的国际化共享问题,这涉及多语言支持、国际数据标准兼容等技术挑战。

2. 技术支持与维护

在地质资料共享平台的运营过程中,技术支持与维护是保障平台稳定运行、提升用户体验的关键环节。为了确保用户能够高效、安全地使用平台,需要提供全面的技术支持和培训服务,并定期更新平台功能和修复漏洞。

技术支持服务是解决用户在使用平台过程中遇到的技术问题的重要途径。平台应设立专业的技术支持团队,通过电话、邮件、在线聊天等多种方式,为用户提供及时、准确的技术支持。技术支持团队需要具备丰富的平台操作和数据处理知识,能够快速理解用户的问题并给出有效的解决方案。此外,还可以建立知识库和常见问题解答,帮助用户自行解决一些常见问题。

培训服务则是提升用户使用平台能力的有效手段。平台可以定期组织线上或线下的培训活动,教授用户如何注册、登录、检索、下载和上传数据等基本操作,以及如何使用平台的高级功能进行数据分析和可视化等。培训内容应根据用户背景和需求进行定制,确保用户能够充分理解并有效地应用所学知识。对于特殊用户群体,如科研人员或行业专家,还可以提供定制化的深度培训服务。

随着技术的发展和用户需求的变化,平台的功能也需要不断更新和优化。平台开发团队应定期评估现有功能的性能和用户反馈,根据评估结果制订功能更新计划。新功能的设计和实施应遵循用户中心设计原则,确保新功能能够真正满足用户的需求并提高用户体验。同时,还要关注新兴技术的发展趋势,如人工智能、大数据分析等,探索这些新技术在地质资料共享中的应用可能性。

平台的安全性和稳定性是用户信任的基础。因此,定期检测和修复安全漏洞是至关重要的维护工作。平台应建立完善的安全机制,包括数据加密、访问控制、安全审计等措施,以防止数据泄露和非法访问。同时,还应定期邀请第三方安全专家对平台进行安全评估和渗透测试,及时发现并修复潜在的安全风险。

除了上述措施外,平台还需要考虑到数据备份和灾难恢复等应急措施。通过定期备份数据和制订灾难恢复计划,可以在发生不可预见的事件时迅速恢复服务,保证数据的持久性和服务的可用性。

3. 宣传与推广

会议和展览一直是值得宣传推广且传统有效的方式。这类活动汇集了来自各个领域的专业人士和决策者,为平台开发团队提供了一个与他们面对面交流的机会,同时也为平台开发团队提供了展示自身产品和服务的理想平台。通过周密策划的演示和讲解,平台开发团队可以详细介绍平台的功能特色及其使用方法,以此来激发参会者的兴趣,并促使他们成为平台的潜在用户。此外,会议和展览也为收集用户反馈提供了良机,有助于平台开发团队持续改进平台服务。

网络宣传作为一种覆盖面广且成本效益高的方式,已经成为不可或缺的推广手段。通过社交媒体、专业论坛、博客等在线平台发布平台的最新资讯、操作指南及成功案例等内容,可以吸引潜在用户的注意。借助网络广告和搜索引擎优化技术,可以增加平台在线上的曝光度,让更多的用户能够轻松找到并了解平台开发团队开发的共享平台。

除了单一线路的宣传策略外,整合营销传播(IMC)提供了一种更高级和更协调的推广方法。IMC强调在多个渠道上协同运用不同的宣传手段,以形成统一的品牌形象和信息传达。例如在会议期间可以预告网络宣传中的特别活动,或是在网上内容中引用会议和展览中的亮点。这种相辅相成的宣传策略能更好地吸引用户注意力,增强宣传效果。

与科研机构、高等院校以及企业建立合作伙伴关系,是推动地质资料共享与应用的关键举措。这些机构通常掌握着丰富且高质量的数据资源,并拥有专业的研究能力,是共享平台的重要数据来源,且拥有大量潜在用户。通过与这些机构的合作,共享平台不仅能获得更加优质的数据,还能为科研人员和企业提供更为专业和个性化的服务。合作形式可以多样化,例如签订数据交换协议、开展联合研究项目或是提供技术咨询服务等。

在进行宣传推广的同时,宣传材料的设计与制作也不容忽视。无论是线上还是线下的宣传材料,都应体现出平台的专业性和易用性。宣传材料需要明确传达平台的优势所在,并且在设计上要有吸引力且易于理解。另外,定期更新宣传材料也很重要,这样才能保持其新颖性和时效性,持续吸引用户的关注。

第二节　地质资料的服务模式与创新

一、传统地质资料服务模式分析

1. 资料存储与检索

在数字化技术普及之前，地质资料主要以纸质文档、胶片等实物形式进行存储与检索，这种方法在图书馆、档案馆以及地质勘探机构中得到广泛应用。然而，随着信息技术的进步和数据量的增长，传统模式开始显现出其不足之处。

过去，地质资料通常以书籍、报告、地图或透明胶片的形式存放在专门的库房中，需要严格控制温度、湿度等环境条件以确保长期保存。为了便于检索，还需要配套详细的目录系统和索引卡片。然而，这种依赖人工的检索方式效率低下，用户需通过目录找到所需资料的位置信息，再亲自查阅实体资料。

这种存储与检索方式存在诸多局限：首先，存储成本高昂，因为纸质资料的印制、装订和维护均需费用，特别是大幅面的地图资料更是如此；其次，检索效率较低，用户需花费大量时间在众多资料中查找所需信息，这不仅降低了工作效率，也增加了使用难度；最后，纸质资料容易磨损、丢失或损坏，这限制了资料的流通和使用。

资料更新和共享也面临挑战。一旦资料印刷完成，更新内容就需要重新制版和印刷，导致资料无法及时反映最新研究成果。同时，实体资料的共享受限于地理位置和物流时间，不同地区的研究人员难以快速获取远距离的资料。

2. 数据提供方式

在传统模式下，地质资料的数据提供主要依靠人工操作和物理媒介传输，常见的方法包括一对一查询服务和批量数据复制等。这些方式虽能满足基本需求，但在数据共享和利用方面存在不足。

一对一查询服务指的是用户向地质资料管理部门提出具体需求，由工作人员根据请求手动查找并提供纸质或胶片资料。虽然这种方法能满足个性化需求，但效率低下且耗时较长。每次查询都需要专业人员介入，用户还需等待一段时间才能拿到所需资料。当多人同时需要同一份资料时，还可能出现争抢资源的现象。

批量数据复制允许用户从现有数据集中选择性地复制部分数据，这些数据通常以纸质副本或电子文件的形式提供。尽管这种方式能在一定程度上提高获取效率，但仍需大量人工操作，且数据传输和存储依赖物理媒介，增加了成本和风险。

这些传统方法在数据共享方面表现出明显的缺陷。首先，数据共享受制于物理媒介的传递距离和时间，远程数据获取变得困难；其次，共享效率低下，无法满足大规模、快速的数据交换需求[16]；最后，不同用户可能获取到不同版本的数据，导致数据使用上存在混乱。

在数据利用方面,传统方式同样存在不便。由于数据格式不统一且转换困难,用户获取数据后需进行烦杂的预处理工作,增加了数据分析难度。同时,数据更新和维护困难,传统模式下的数据一旦发布便难以修改,用户可能使用的是过时或错误的数据。

3. 用户服务体验

评估传统地质资料服务模式的用户体验时,可以发现其在服务响应速度、交互友好度等方面存在不足,主要源于人工操作依赖和物理媒介限制。

(1)服务响应速度是衡量用户体验的重要指标。在传统模式下,高度依赖人工检索,响应速度较慢。用户提出需求后,需要等待工作人员手动查找资料,过程可能耗时数天甚至数周。此外,缺乏有效的通信工具,用户难以了解进度,这种不确定性增加了用户的不满。由于工作时间和人力资源的限制,传统服务模式无法提供全天候支持,这对急需资料的用户来说是个大问题。

(2)用户交互友好度是另一个关键指标。传统服务方式如面对面咨询、电话沟通或书面申请效率低下,缺乏个性化和灵活性。用户需亲自前往机构现场办理业务,这对远程用户或时间有限的用户来说极为不便。此外,传统界面如纸质表格、目录卡片不够直观易懂,新用户需额外指导才能使用。

(3)此外,传统模式在用户教育和培训方面表现不佳。缺乏在线帮助文档和教学视频,用户需通过培训班或阅读手册学习使用服务,增加了学习成本,降低了服务普及率。

(4)在数据获取和利用方面,传统模式也存在问题。用户需自行进行格式转换和数据清洗,增加了工作量,还可能因操作不当导致数据错误。数据更新和维护困难,用户可能获取的是过时数据,影响研究质量和使用体验。

二、地质资料服务模式创新方向

1. 数字化与网络化

地质资料服务模式的创新对于科研、产业和教育至关重要,数字化和网络化是两大关键方向。数字化不仅仅是将纸质资料转换为电子格式,更重要的是采用先进的采集、存储和处理技术,如地理信息系统、遥感技术和三维可视化,实现高效管理和利用。网络化服务基于互联网构建共享平台,实现数据的高效共享。

在数字化方面,地质资料采集不再限于实地勘察,可通过遥感技术从卫星图像或航拍照片中获取信息。数字化后的信息存储于高性能服务器,并通过数据库管理系统进行组织和检索。三维可视化技术使地质数据更加直观,使研究人员无需亲临现场即可探索地下结构。这种方式提高了数据更新速度和维护效率,减少了物理存储的空间和成本压力。

网络化服务打破地域限制,实现全球化数据共享。通过互联网,用户可以随时访问远程服务器上的地质数据库,快速高效地获取所需资料,支持多种交互操作,如在线分析和互动讨论。网络化服务还支持数据格式转换和标准化,确保跨平台兼容性。此外,网络化服务提供实时数据更新,确保用户获取最新信息,并能快速收集用户反馈,优化服务。

2. 智能化服务

随着人工智能(AI)和大数据技术的发展,地质资料服务迎来智能化革命。这些技术不仅提高了数据处理效率,还丰富了服务内容,带来了个性化体验。

AI技术在地质资料服务中的应用主要体现为智能推荐和数据挖掘。智能推荐系统分析用户的行为和偏好,为他们主动推送相关资料。例如若用户频繁查询某地的矿产资源,系统将自动推荐最新的报告。这种服务节省了用户筛选信息的时间,帮助他们发现具有潜在价值的资料。

数据挖掘技术通过机器学习、模式识别等算法,从海量数据中提取有价值的信息。通过对历史数据的深入分析,可揭示地震规律和影响因素,为预警提供科学依据。此外,数据挖掘可以揭示地质现象间的关联性和因果关系,支持综合性研究。

智能化服务提升用户体验。首先,满足个性化需求,通过精准用户画像和个性化推荐,提供专属服务。其次,提高交互效率,用户可通过自然语言处理技术与系统对话,获取分析结果和研究建议。最后,系统具备学习优化能力,随用户行为积累,不断优化算法和模型,使服务更加贴近用户需求。

3. 定制化服务

在地质资料服务领域,定制化服务成为满足个性化需求的重要趋势。这种模式根据用户具体需求提供量身定做的资料和服务,提升针对性和实用性。

(1)定制化服务始于深入需求分析,服务提供者与用户沟通,了解其研究目标、数据偏好、使用场景等信息,据此设计服务方案。例如为用户提供特定区域地质图、特定矿种资源评估报告或地质灾害风险分析等。这种方式确保所提供的资料正是用户所需,而非淹没于海量通用数据中。

(2)在实施定制化服务时,服务提供者利用各种资源和技术手段收集、处理和分析数据,这可能涉及遥感数据采集、历史数据分析等。在数据处理阶段,专业团队根据需求对数据进行精确分析和综合解读。最终,用户获得量身定做的地质资料,包括原始数据、解释、趋势预测和建议等附加值。

(3)定制化服务提升服务具有针对性,确保每次服务精准满足用户期望,提高用户满意度和信任度。此外,定制化服务适应多样化需求,无论学术研究、商业勘探还是政府规划,都能有效满足不同需求。在科研成果转化方面,定制化服务提供精确的数据和深入分析,帮助科研人员理解研究成果的应用前景。

(4)定制化服务还推动跨学科合作和知识共享。地质工作者、数据分析师、软件工程师等不同领域的专家在服务过程中紧密合作,促进知识交流和融合,激发新的研究思路。

4. 跨领域合作

地质资料服务的价值超越了传统地质学和矿产勘探领域。随着跨领域合作加深,地质资料服务与环境保护、城市规划、农业等多个领域产生互动,拓展应用范围,提升服务价值。

在环境保护领域，地质资料帮助识别自然灾害风险，为灾害预防提供科学依据。地质资料还用于监测地下水资源，促进可持续利用，对生态保护具有重要意义。

在城市规划领域，地质资料帮助评估地质风险，优化城市基础设施布局，确保城市安全和发展。地质资料还用于理解城市地质背景，为可持续发展提供指导。

在农业领域，地质资料帮助评估土壤质量、水源分布，优化作物种植方案，提高农业产量。地质资料还可用于监测农业地质灾害，保障农业可持续发展。

跨领域合作不仅拓展了地质资料应用范围，还提升了服务价值。一方面，为其他领域提供数据支持和科学分析；另一方面，为地质学带来新视角和应用场景，促进学科发展和创新。

第三节　地质资料服务的评价与改进

一、地质资料服务评价体系构建

1. 地质资料服务评价目标设定

在构建地质资料服务评价体系的过程中，首要任务是明确评价目标。这些目标不仅为评价活动提供方向和焦点，而且确保所有相关方对评价的期望保持一致。

首先，提升服务质量是地质资料服务评价的核心目标之一。它涵盖提高服务的准确性、及时性、可靠性和用户满意度，确保用户能高效获取所需的地质资料。评价体系需要关注服务流程优化、信息技术应用、人员培训和服务标准的制定与执行等方面。

其次，满足用户需求是评价体系的另一关键目标。地质资料服务旨在为用户提供价值，因此评价体系应围绕用户的实际需求展开设计，包括了解用户的基本信息需求、研究需求、教育需求和商业需求，并通过服务更好地满足这些需求。评价过程中应收集用户反馈，分析用户行为模式，并据此调整服务内容和方式。

促进数据共享也是重要目标之一。在信息时代，数据的开放性和共享性对于科学研究、经济发展和社会进步都至关重要。地质资料服务评价体系应鼓励数据的互操作性和可访问性，支持跨机构、跨行业乃至跨国界的合作。这要求评价体系不仅要关注数据的数量和质量，还要关注数据管理政策、标准和实践，以及如何通过技术和平台创新来提高数据共享效率。

2. 地质资料服务评价指标确定

在构建地质资料服务评价体系时，设定科学合理的评价指标至关重要。这些指标应全面反映服务质量、效率、用户满意度以及法律合规性等关键方面，同时具备可量化、可操作性和代表性，以确保评价结果的准确性和实用性。

数据质量是评价地质资料服务的基础，包括数据的准确性、完整性、一致性、及时性和相关性。通过错误率、遗漏信息比率、数据兼容性测试、更新频率和用户反馈等具体指标来量化这些指标。

服务效率涉及服务响应时间、处理时间和用户获取资料的便捷性。通过平均响应时间、事务处理速度和用户操作便利性调查等方法来评估这些指标。

用户满意度覆盖服务的专业性、友好性和个性化程度。用户满意度可通过定期的满意度调查、用户留存率和重复使用率等数据来衡量。

隐私保护要求服务提供者确保用户个人信息的安全,遵守相关法律法规。隐私保护指标包括数据安全性、隐私政策的透明度和用户控制权的保障。隐私保护的评估可通过安全漏洞测试、政策审查和用户授权协议的遵循情况来完成。

版权合规包括地质资料的版权归属、使用许可和知识产权保护。版权合规指标包括版权声明的清晰度、许可协议的明确性和知识产权侵权的处理机制。这些指标可通过版权核查、许可证审计和违规事件统计等方式来量化。

确保评价指标具有可量化、可操作性和代表性,是实现科学评价的基础。每个指标应有明确的度量标准和计量方法,且结果能够被准确记录和分析。

3.地质资料服务评价方法选择

选择合适的评价方法对于全面、客观地评估服务表现至关重要。这些方法应能准确反映服务的质量、效率、用户满意度以及法律合规性等方面的表现,同时具备科学性和可操作性。

(1)问卷调查:可直接收集用户的意见和反馈,通过设计合理的问卷,了解用户对地质资料服务的满意度、需求满足程度以及对服务各方面的评价。

(2)专家评审:利用领域内专家的知识和经验评估服务质量,通过会议讨论、报告分析或现场考察等形式进行。

(3)数据分析:对已有数据进行统计分析,评估服务效率指标如响应时间、处理时间,以及用户行为数据如访问频率、使用时长等。

(4)用户访谈:深入了解个别用户的详细体验和特定需求。

(5)案例研究:通过分析特定事件或实例,评估服务在特定情境下的表现。

(6)服务审计:通过对服务流程、政策和记录的系统性检查,评估服务的合规性和有效性。

在选择评价方法时,需考虑方法的适用性、成本效益和可操作性,通常多种评价方法的组合使用可以更全面地评估服务表现。

二、地质资料服务现状评价

1.地质资料服务数据质量评估

在评估地质资料服务质量的过程中,数据质量评估是不可或缺的一部分。这不仅包括对数据准确性、完整性、时效性和可访问性的审查,还涉及对数据质量问题的根本原因进行深入分析,并提出相应的改进措施。

(1)数据准确性评估:数据准确性是科学研究和决策制定的基础。准确性评估主要关注数据是否真实地反映了所观察或记录的现象。评估方法可能包括不同数据源之间的对比、实地核查以及专家评审。例如通过对钻探样品的化验结果与国际标准数据库进行比对,可以验证其化学成分数据的准确性。如果发现数据准确性存在问题,可能需要改进数据采集和处理方法,或加强质量控制流程,如定期校准设备,以及对操作人员进行培训。

(2)数据完整性评估:数据完整性评估则检查数据集是否包含所有必要的信息,并且数据间的联系是否被正确表达。这可以通过查找缺失的数据项、检查数据的一致性和逻辑关系来实现。例如在评估地质图的完整性时,应确保所有必要的图层,如地层、断层和矿产分布等都被包含且正确对应。解决数据完整性问题通常需要改进数据采集的全面性,加强数据管理,确保数据的存储和备份机制可靠有效。

(3)数据时效性评估:数据时效性评估涉及数据更新的频率和及时性,即数据能否反映最新的地质状况和科学发现。评估可以通过分析数据更新频率、监测新发现纳入数据库的速度来进行。例如评估地震监测数据的时效性时,应考察震后多久新的地震数据被收集并纳入系统。提高数据的时效性可能需要增加数据采集频率,优化数据处理流程,并采用自动化技术来加快数据更新。

(4)数据可访问性评估:数据可访问性评估是指用户获取和使用地质资料的难易程度,这包括数据的查找、下载和理解等方面。评估可访问性可以通过测试数据检索系统的用户友好性、数据格式的兼容性及数据使用指南的清晰度来进行。例如评估一个地质资料数据库的可访问性时,可以检验其搜索引擎的效率、数据是否支持常用格式的下载,以及是否有足够的元数据描述。增强可访问性通常需要在用户界面设计、数据标准化和用户教育等方面进行改进。

分析数据质量问题的原因是一个多层次的过程,可能涉及人员、技术、管理和政策等多个方面。例如数据不准确可能是由于采集人员的错误或测量设备的误差;数据不完整可能是由于管理不善导致的数据丢失,或者是技术限制使得某些数据难以获取;时效性不足可能是由于缺乏有效的数据更新机制,或者是资金短缺导致监测设备维护不及时;可访问性差可能是由于数据发布平台的用户体验设计不佳,或者是数据保护政策过于严格而限制了数据开放。

针对这些问题,提出的改进措施应当具体且切实可行。对于由人员失误引起的数据不准确,可以通过加强培训和建立更严格的质量控制流程来解决;对于技术和设备问题,可以投资引进新技术和升级旧设备;管理问题需要通过改进数据管理流程和提高数据意识来解决;而政策限制则需要通过与政策制定者的沟通,寻找在保护数据的同时提高数据可用性的方法。

2. 地质资料服务效率评价

在评估地质资料服务的现状时,服务效率是一个极为重要的维度。它不仅反映了服务提供者对用户需求的响应速度和处理能力,还体现在用户获取所需资料的等待时间上。

(1)响应速度评价:响应速度是衡量地质资料服务效率的关键指标之一,它指的是从用户发起请求到服务系统作出回应的这段时间。评估响应速度的方法可能包括实时监控服务系统的响应时间,以及通过用户调查收集反馈信息。例如可以通过分析 Web 服务器的日志文件来测量用户请求的响应时间。如果发现响应速度较慢,可能是因为服务器负载过高或网络延迟问题,解决方法可能包括增加服务器资源、优化后台处理算法或改善网络基础设施等。

(2)处理能力评价:处理能力是另一个重要的评价指标,它衡量的是系统处理用户请求的能力,包括同时处理多个请求的能力以及处理复杂请求的效率。评估处理能力通常涉及对系统吞吐量的测试,即在单位时间内系统能够处理的请求数目,这可以通过模拟高并发请求来进行压力测试。例如通过自动化工具模拟大量用户同时访问地质资料数据库,可以评估系统的稳定性和处理极限。如果处理能力不足,可能需要升级硬件设施,优化数据库查询效率,或者引入负载均衡技术来分散请求的压力。

(3)用户等待时间评价:用户等待时间是用户感知服务效率的直接表现。它涵盖了用户在系统中等待响应的时间及完成服务流程所需的总时间。评估用户等待时间可以通过分析用户行为数据来完成,如操作页面加载时间、交互操作的完成时间等。例如用户在使用地质资料检索系统时,从输入搜索关键词到获取搜索结果的时间,是用户体验中至关重要的一环。减少用户等待时间的策略可能包括优化数据检索算法、预加载常用数据,或者提供更为直观的用户界面以减少用户操作的步骤。

识别服务效率瓶颈是提升服务效率的第一步。效率瓶颈可能是由于硬件设施的限制,如服务器性能不足或网络带宽有限;也可能是软件系统的问题,如程序代码效率低下或数据库结构设计不合理;抑或是人为因素,如人员操作不当或管理流程烦琐。通过对服务流程的细致分析,结合系统监控数据和用户反馈,可以定位到效率瓶颈的具体环节。

在探讨优化方案时,应考虑成本效益和技术可行性。对于硬件瓶颈,可以考虑逐步升级设备,引入更先进的技术;对于软件问题,可以通过重构代码、优化算法或更新数据库管理系统来解决;对于人为因素,可以通过培训员工、简化流程或引入自动化工具来提高效率。同时,优化方案还应考虑到未来的扩展性和可持续性,确保服务效率的长期提升。

3.地质资料服务用户满意度调查

在评估地质资料服务现状的过程中,用户满意度调查是一项关键环节,它直接反映了用户对服务的感受与评价。通过问卷调查、访谈等方式收集用户的反馈意见,可以帮助了解用户对服务的实际体验,分析用户满意度水平,并探究其不满意的原因,从而为服务的改进提供依据。

问卷调查是收集用户满意度信息的一种高效途径。设计问卷时,应确保问题覆盖服务的各个方面,如数据质量、服务效率、易用性、支持服务等,并且问题应简洁明了,避免引导性或模棱两可的表述。问卷可以通过电子邮件、网站链接或纸质形式发放,以提高覆盖面和回复率。此外,为了鼓励用户参与,可以提供一定的激励措施,如抽奖或送小礼物等。收集到的数据需要借助统计分析软件进行处理,以得出定量的满意度结果和趋势。

访谈则提供了深入了解用户意见的机会。通过一对一或小组访谈的方式,可以直接与用户进行交流,获取他们的详细反馈和建议。访谈可以是结构化的,即预先设定一系列问题;也可以是半结构化的,即允许在一定范围内自由对话。访谈的优势在于能够获得更加深入的信息,但缺点是耗时较长且难以量化。因此,访谈通常用于深入了解特定问题或特定用户群体的意见。

用户满意度的分析应关注不同方面的满意度水平。例如可以通过分析问卷中各个问题的得分来评估用户对数据准确性、服务及时性、网站易用性的满意程度。对于访谈数据,可以通过内容分析法来识别常见的主题和模式。通过这些分析,可以揭示用户满意度的整体水平以及存在的主要问题。

探究不满意的原因是提升服务质量的关键。不满意可能源自多种因素,如数据更新滞后、服务响应迟缓、网站界面不友好、数据难以理解或获取等。通过仔细分析用户的反馈,可以识别出最常见的和最严重的问题。例如如果大多数用户反映数据下载速度慢,那么可能需要优化服务器性能或数据存储方式;如果用户表示不理解某些数据,可能需要提供更多使用指南或培训材料。

为了确保服务改进的有效性,应将用户满意度调查的结果与服务改进计划相结合。这意味着需要将用户的具体反馈转化为可操作的改进措施,并制订实施的时间表和责任人。改进措施的实施效果需要再次通过用户满意度调查来验证,以确保改进措施得以落实,并且真正满足用户的需求。

4.地质资料服务隐私保护与版权合规评估

隐私保护与版权合规是评价地质资料服务现状的关键维度。随着数字技术的发展和法律法规的完善,用户对个人数据隐私的保护及知识产权的尊重日益重视。

(1)隐私保护评估:分析地质资料服务收集、存储和处理个人数据的方式。评估的内容包括数据收集的透明度、用户同意的真实性、数据存储的安全性以及数据处理的限定性。

(2)版权合规评估:检查地质资料服务在数据发布和使用方面的知识产权保护措施。评估应确保所有发布的数据都拥有清晰的版权信息,用户在下载或使用数据时能够明确了解遵守的许可条款。

提出有效的防范措施是至关重要的。对于隐私保护,防范措施包括但不限于加强数据加密技术,提升员工的数据安全意识。对于版权合规,防范措施包括建立版权审查流程、监控用户数据使用行为等。

三、地质资料服务改进策略

在对地质资料服务进行全面的现状评价之后,制订改进策略是提升服务质量和满足用户需求的关键步骤。

针对数据质量的问题,改进策略应包括建立更为严格的数据质量控制机制、更新数据采集和处理的标准操作程序、引入自动化的数据清洗和验证工具等。

提高服务效率,改进策略中应包含优化服务流程和增强系统性能的措施,如重新设计用户界面,使之更加直观易用,或升级后台系统以提高处理速度和稳定性等。

提升用户满意度,改进策略应当侧重于增强用户体验度和参与度,定期进行用户满意度调查,开展用户教育和培训活动,帮助用户更好地理解和利用地质资料。

在隐私保护和版权合规方面,改进策略必须确保所有操作都符合最新的法律法规要求。定期对隐私政策和版权信息进行审查与更新,确保用户数据的合法收集和使用,以及对版权材料的合理管理;加强员工在这些方面的培训,确保他们了解并遵守相关规定;引入先进的数据安全技术,防止数据泄露和未经授权的使用等。

第六章　地质资料的检索与应用

第一节　地质资料的检索方法与技巧

地质资料的有效检索是科学研究、资源勘探和教育的基础。为了帮助研究人员快速找到所需信息，节约时间并提升效率，掌握高效的检索方法和技巧至关重要。以下是几种提高地质资料检索效率的方法和技巧。

1. 利用专业的地质资料数据库

专业的地质资料数据库，如美国地质调查局（USGS）的 Earth Explorer 和国际地质科学联合会（IUGS）的地质资料库，由专业机构维护，提供丰富的地质数据。熟悉这些数据库的高级搜索功能，根据关键词、作者、出版年份、地理位置等条件进行筛选，可以显著提升检索精度和效率。

2. 关键词的选择与使用

在选择关键词时，应考虑地质学术语的同义词和近义词，以确保覆盖所有相关文献。使用特定的地质学术语可以避免无关结果。布尔运算符（AND、OR、NOT）的运用可以组合或排除关键词，帮助缩小或扩大检索范围。

3. 利用元数据信息

元数据是描述数据的数据，包括创建日期、作者、地理坐标等信息。许多地质资料数据库提供基于元数据的搜索选项，帮助用户根据具体位置、时间范围或数据类型快速找到相关资料。

4. 使用分类和索引系统

许多地质资料库使用特定的分类系统组织资料，如按地质年代、岩石类型或构造区域分类。了解这些系统的结构和术语有助于用户快速浏览或定位到感兴趣的资料类别。索引列表按作者、主题或地区编排，便于用户查找相关信息。

综上所述，地质资料的检索是一项综合运用多种方法和技巧的任务。掌握这些技巧不仅能够节省宝贵的研究时间，还能确保获取最相关和有用的地质资料，为科研、教学和实际应用提供坚实的信息支持。在信息爆炸的时代，高效的检索能力已成为地质工作者及相关领域研究人员不可或缺的技能。

第二节　地质资料的应用途径与模式

一、地质资料的传统应用途径

1. 馆内阅览与摘抄

在数字信息时代到来之前,地质资料的获取主要依赖于实体地质资料馆,这些资料馆成为科研人员与地质信息之间的桥梁。地质资料馆的一项主要功能就是提供专门的阅览区域,供用户查阅和摘抄资料。这些阅览区域通常配备了宽敞的阅读桌、舒适的座椅以及适当的照明设施,以确保用户能在适宜的环境中长时间进行学习和研究。

阅览区域的设计充分考虑了用户的阅读体验和资料的安全保护。因此,用户在进入阅览区之前,通常需要完成一系列登记验证手续,如出示身份证明、填写访客登记表、缴纳押金或提交证件等。这些程序旨在维护阅览秩序,防止资料丢失和损坏,并确保只有符合条件的人才能接触到珍贵的地质资料。

阅览规则的制定和执行是地质资料馆正常运作的基础。这些规则包括但不限于禁止吸烟、保持安静、不得携带食物和饮料进入阅览区、不得随意移动或带走资料等。这些规定的目的是创造一个良好的阅读环境,同时保护资料免受意外污染和破坏。地质资料馆的工作人员负责监督这些规则的执行情况,并在必要时提供帮助和指导。

除了阅览规则,地质资料馆还提供一系列辅助服务以支持用户的研究工作。例如一些资料馆提供复印和扫描服务,允许用户复制所需资料;有些馆内还设有专业的资料管理员或信息专家,他们可以协助用户检索特定资料或提供研究建议。此外,地质资料馆可能会定期举办讲座、研讨会或展览,这些活动不仅增加了用户对地质资料的了解,也为研究人员之间的交流提供了平台。

尽管互联网和数字化技术的发展使得越来越多的地质资料被数字化并上传至网络平台,但传统的地质资料馆仍扮演着不可替代的角色。它们不仅是知识的宝库,也是学术交流的场所,更是科研传统和文化的一部分。馆内阅览与摘抄这种传统利用途径,虽然在一定程度上被现代技术所补充,但其独特的价值和意义仍然被许多研究人员与学者所珍视[17]。对于一些特殊的资料,如珍贵的古籍、历史地图或原始手稿,实体资料馆提供的阅览服务仍然是获取这些资料的最佳方式。因此,即使在数字化时代,地质资料馆作为传统利用途径的主要载体,依然具有不可替代的地位和作用。

2. 资料借出与复印

在地质资料馆中,除了提供现场阅览服务外,许多机构还允许用户在遵守特定程序的前提下借出、拷贝或复印资料。这项服务极大地方便了用户,使他们能够在家中或办公室仔细研究这些资料,而不需要长时间滞留在资料馆的阅览室内。然而,为了确保资料的安全和高效管理,借阅过程需要遵循严格的规定,并且借阅者必须遵循一系列操作步骤。

借阅资料通常需要用户提前进行登记,并提供身份证明和资料安全保证金。在借阅前,资料管理员会对资料进行检查,确保其完好无损,并详细记录在案。用户在借阅时需要签字确认借阅清单,这份清单详细列出了所借资料的名称、编号、借阅日期和预计归还时间。签字不仅是用户确认借阅这些资料的行为,也是对归还时间和资料完整性的承诺。

借阅期限根据资料的性质和机构的规定而有所不同。一些常见的资料可能有较长的借阅期限,而某些珍贵或极少被复制的资料则可能只允许短时间借阅或仅限于在图书馆内查阅。在借阅期间,用户有责任保护资料不受损害,并确保资料不丢失。

为了提高资料的周转率,确保每一位需要资料的用户都能及时获取,按时归还借阅的资料至关重要。如果用户无法按时归还,他们需要与资料馆联系,申请续借或说明情况。如果资料逾期未归还,用户可能会面临罚款或其他惩罚措施,这会影响他们未来的借阅行为。

在资料归还时,资料管理员会再次检查资料的状态,确保没有损坏或遗失,并更新库存记录。这一过程不仅保障了资料的完整性,也维护了公共服务的持续性和可靠性。

除了借阅实体资料外,拷贝或复印也是常见的资料利用方式。在某些情况下,用户可能只需要资料中的一部分,这时复印就成了一种更为方便和经济的选择。资料馆通常会提供复印服务,并按复印的页数收取一定费用。同样地,对于需要复印的资料,用户也需要遵循资料馆的规定,并在工作人员的指导下完成复印过程。

地质资料的借出、拷贝或复印是资料服务中的一个重要组成部分,它不仅提高了资料的使用效率,也满足了用户多样化的研究需求。通过严格的管理和用户的自我约束,这些宝贵的地质资料得以在更广泛的范围内发挥作用,同时保持其完整性和安全性。

二、地质资料的现代应用途径

1. 数字化与网络化应用

随着信息技术的迅猛发展,地质资料的数字化和网络化已成为一种不可避免的趋势。这种转变不仅极大地提升了地质资料的可获取性和使用效率,还突破了传统的地域和时间限制,实现了全球范围内的资源共享。如今,诸如数字地质资料库和地质云服务平台等现代利用途径,正逐渐成为地质数据获取、管理和分析的重要途径。

数字地质资料库通过扫描、录入等方式将纸质或实物地质资料转化为数字形式,并建立相应的数据库进行存储和管理。这些数据库不仅涵盖传统的地质图、报告和文献,还可能包括卫星遥感数据、地球物理数据等新型信息。借助网络平台,用户可以远程访问这些数据库,搜索并下载所需的资料,无需亲自前往图书馆或档案馆。这种数字化方式不仅节约了物理存储空间,还延长了资料的保存寿命,并降低了物理损耗的风险。

地质云服务平台则更进一步,它不仅提供数据的存储和检索服务,还提供数据的分析、处理及可视化工具。这类平台通常具备强大的计算能力,支持复杂的地质数据分析,如地震数据处理、地层建模和油气藏模拟等。用户可以通过互联网上传自己的数据,利用平台提供的工具进行在线分析,并获取结果。这种服务模式为地质科研人员和工程师提供了极大的便利,使他们能够更高效地开展研究工作。

数字化和网络化的优点在于它们打破了地域界限,提高了数据共享的效率。传统的地质资料往往局限于特定的资料馆或档案馆,而数字化资料则可以在全球范围内被访问。这意味着用户可以随时随地获取最新的地质数据和研究成果。此外,网络化的数据共享也让合作变得更加便捷,不同地区的研究人员可以共同访问同一套数据,进行协同研究,加速科学发现的步伐。

然而,数字化和网络化也带来了新的挑战,如数据的安全性和隐私保护等问题。随着数据量的增长和访问范围的扩展,如何确保数据不被非法访问或滥用成为一个关键问题。另外,数据的标准化和质量控制也是数字化过程中需要特别关注的问题。为了保证数据的可靠性和一致性,有必要建立严格的数据标准和质量控制机制。

2. 智能化服务

智能化服务在地质资料服务中的应用,标志着信息技术与地质学领域深度融合的最新成果。通过运用智能推荐、数据挖掘等先进技术,地质资料的服务模式正变得愈发个性化和高效。这些技术的应用不仅极大地提升了服务效率,还能精准满足用户的特定需求,为用户带来全新的服务体验。

智能推荐系统通过分析用户的历史行为、研究兴趣和查询习惯,能够主动为用户推荐相关的地质资料和信息。这种系统利用机器学习算法,如协同过滤、内容推荐等,对用户数据进行深入挖掘,从而发现用户的潜在需求。例如一位地质工作者频繁检索某一地区的地震数据,智能推荐系统可以推测该地质工作者可能对邻近地区类似的数据也有兴趣,并主动推送这些信息[18]。这样,用户无需在庞大的数据库中耗费大量时间搜索,就能迅速找到所需资料,显著提高了研究效率。

数据挖掘技术则更为强大,它不仅能从海量的地质资料中提炼出有价值的信息,还能揭示数据之间的关联和模式。通过聚类分析、关联规则挖掘、异常检测等方法,数据挖掘技术能够帮助地质工作者发现新的地质现象,预测矿产资源分布,甚至评估地质灾害的风险。例如通过分析历史地震数据,数据挖掘可以揭示地震活动的空间、时间分布规律,为地震预警提供科学依据。

智能化服务的另一个优势在于其能够提供个性化的服务体验。每位用户的需求都是独一无二的,传统的地质资料服务往往难以满足这种个性化需求,而智能化服务通过学习用户的查询行为和偏好,可以为用户提供定制化的资料推荐、搜索结果排序和界面布局。这意味着每个用户在使用地质资料服务平台时,都能享受到如同量身定做的服务,大幅提升了用户的满意度和忠诚度。

此外,智能化服务还能辅助用户进行决策支持。通过对地质资料的深入分析和模型构建,智能系统可以帮助用户评估各种决策方案的潜在后果,如资源开发的风险评估、环境影响的预测等。

三、地质资料的应用模式

1. 单一模式与综合模式

地质资料的利用模式可以分为单一模式和综合模式,每种模式都有其独特的特点和应用场景,能够满足不同用户群体和研究需求。单一模式通常指的是较为简单直观的利用方式,如直接查阅、下载等;而综合模式则涉及线上线下结合、多学科交叉利用等更为复杂的组合手段。

单一模式的特点在于操作简便、直接高效。用户可以直接访问地质资料库,通过在线目录检索或现场阅览,找到所需的地质图、报告或数据,并直接下载或复印。这种模式适用于快速获取特定信息的需求,如地质调查、资源勘探、环境评估等。用户无需掌握复杂的检索技巧或进行烦琐的数据预处理,即可迅速获得所需资料。然而,单一模式的局限性在于它可能无法充分挖掘资料的潜在价值,且难以适应跨学科或多维度的研究需求。

综合模式则在单一模式的基础上,通过多种手段的组合利用,实现地质资料的深度挖掘和多元应用。线上线下结合是一种常见的综合模式,用户可以在线上进行初步的资料检索和分析,确定研究方向和需求,然后线下深入图书馆或档案馆,查阅原始文献和实物资料,甚至与领域专家进行面对面的交流和讨论。这种模式能够充分利用线上资源的便捷性和线下资源的深度,适合于需要进行深入研究的项目。

多学科交叉利用是另一种综合模式,它强调地质资料与其他学科数据的融合分析。例如将地质数据与地理信息系统(GIS)技术结合,可以对地质灾害的风险进行空间分析;将地质资料与环境科学数据结合,可以研究矿产资源开发对生态系统的影响。这种模式打破了传统学科的界限,促进了学科间的交流和融合,适合解决复杂的地球科学问题。

综合模式的优势在于其灵活性和广泛的应用范围。通过结合不同的资源和手段,综合模式能够提供更为全面和深入的研究视角,满足跨学科、跨领域的研究需求。然而,综合模式的实施需要用户具备较高的信息素养和跨学科知识,同时需要更多的时间和资源投入。

在选择利用模式时,用户应根据自己的研究目的、资源条件和时间限制做出决策。对于简单的信息查询或快速的决策支持,单一模式可能更为合适;而对于复杂的研究项目或跨学科的合作研究,综合模式则能够提供更丰富的洞见和支持。

地质资料利用模式的选择,不仅取决于资料本身的特性,还取决于用户的需求和应用背景。无论是单一模式还是综合模式,都有其适用的场景和优势。随着地质科学的发展和信息技术的进步,地质资料的利用模式也在不断创新和完善,为地质科学研究和相关领域的发展提供了强有力的支持。

2. 合作模式

在信息爆炸的今天,地质资料的利用已不再局限于单一领域或机构,而是成为涉及多领域、多机构的共同事业。跨领域、跨机构合作在地质资料利用中的重要性愈发凸显,它不仅能够促进资源的共享和高效利用,还能够推动地质科学的进步和相关领域的发展。政府、企业、科研机构等主体通过合作,共同构建起一个互联互通、共享共赢的地质资料利用网络。

(1)政府在这一合作模式中扮演着至关重要的角色。政府部门不仅负责制定地质资料管理的政策和标准,还负责协调不同机构之间的合作关系,通过出台一系列政策措施可以鼓励和引导企业、科研机构参与到地质资料的共享中来。例如政府可以提供资金支持,鼓励科研机构进行地质数据的整合和开放,也可以通过立法手段,要求企业在开发矿产资源时必须公开相关的地质数据。此外,政府还可以建立公共服务平台,如地质资料档案馆或数据中心,为社会各界提供便捷的数据检索和下载服务。

(2)企业作为地质资料的重要生产者和使用者,其在合作模式中的作用不容忽视。企业在资源勘探和开发过程中积累了大量的地质数据,这些数据对于科研和教学具有极高的价值。通过与科研机构和政府部门的合作,企业可以共享这些数据,从而获得政策上的支持和技术上的帮助。同时,企业之间的合作也能够促进技术创新和资源整合,提高资源利用效率。例如石油公司之间可以通过共享地震数据和钻井资料,共同研究油气藏的分布规律,从而降低勘探风险。

(3)科研机构在合作模式中则是知识和技术的源泉。它们通常拥有先进的研究设备和专业的人才队伍,能够对地质资料进行深入的分析和研究。通过与政府和企业的合作,科研机构可以获得更多的数据资源和资金支持,从而推动科学研究的深入进行。同时,科研机构还可以通过成果转化和技术转移,将研究成果应用到实际的资源开发和管理中,实现科研成果的社会价值。

(4)跨领域合作也是地质资料利用的一个重要趋势。地质学与其他学科,如物理学、化学、生物学等,有着密切的联系,地质资料的利用往往需要这些学科的知识和技术。例如在研究气候变化时,地质资料可以与气候学、生态学等数据相结合,从而更全面地理解气候变化的历史和未来趋势。因此,跨学科合作不仅能够拓宽地质资料的应用范围,还能够促进不同学科之间的知识融合和创新。

(5)合作模式的实现需要各方的共同努力和协调。这包括建立有效的沟通机制,确保信息的畅通无阻;制定统一的数据标准和共享协议,保证数据的一致性和互操作性;建立合理的利益分配机制,保护各方的合法权益。通过这些措施,可以确保合作的稳定性和持久性,从而实现地质资料的长期共享和高效利用。

3. 创新模式

在地质资料的利用方面,创新模式的探索是推动科学发展和科普教育的重要途径。随着科技的进步,大数据、云计算、虚拟现实(VR)和增强现实(AR)等先进技术的应用为地质资料的深度挖掘与分析,以及地质科普教育提供了新的可能性。这些技术不仅能够提高地质资料处理的效率和准确性,还能够通过直观的方式增强公众对地质知识的理解。

大数据技术在地质资料利用中的应用,使得处理海量地质数据成为可能。地质调查和勘探活动产生的数据量巨大,传统的数据处理方法往往难以应对。大数据分析技术能够从这些庞大的数据集中提取出有价值的信息,揭示地质现象的内在规律。例如通过分析多源地质数据,大数据技术可以辅助预测矿产资源分布,评估地质灾害风险,甚至指导城市规划和基础设施建设。此外,大数据还可以用于优化勘探策略,提高资源开发的经济效益。

云计算技术则为地质资料的存储和计算提供了强大的支持。云平台具有弹性伸缩的特点,能够根据实际需求提供存储和计算资源,极大地提高了资源利用率。地质工作者可以通过云端服务,随时随地访问和处理地质数据,实现跨地域的协作研究。同时,云计算还促进了地质资料共享机制的建立,不同机构和研究人员可以方便地共享数据和研究成果,加速科学发现的过程。

虚拟现实(VR)和增强现实(AR)技术的应用则为地质科普教育带来了革命性的变化。这些技术能够将抽象的地质知识和复杂的地质过程以直观的形式展现给公众。例如通过VR技术,观众可以"身临其境"地体验地震、火山爆发等地质事件,感受大自然的力量。AR技术则可以将地质信息叠加到现实世界中,让观众在实际的地质景观中看到岩石层次、矿物组成等信息。这些互动体验不仅增强了科普的趣味性和吸引力,还提升了教育效果,使公众能够更好地理解地质学的重要性和实际应用。

创新模式的实现需要科技与教育、研究的深度融合。科研机构需要与技术公司合作,共同开发适合地质资料处理和分析的软件与工具。教育机构则需要探索如何将这些先进技术融入课程和展览中,培养学生和公众的科学思维与创新能力。同时,政府应提供政策和资金支持,鼓励创新模式的探索和应用,推动地质科学的普及和进步。

创新模式的探索是一个持续的过程,它需要科研人员、教育工作者、技术开发者及政策制定者的共同努力。随着技术的不断发展和应用领域的拓展,地质资料的利用方式将更加多样化和高效化,为地质科学的发展开辟新的道路,为社会公众的科学素养提升提供新的途径。

第七章 地质资料管理的技术创新

第一节 大数据技术在地质资料管理中的应用

一、大数据技术简介

1. 大数据定义与特点

大数据是现代信息技术领域的一个热门话题,大数据是一个体量非常大的数据信息集合,在大数据中数据的种类是非常庞杂的,它指的是那些具有大规模、多样化、高速度等特征的数据集合。除了包含传统数据库能处理的结构化数据外,大数据还涵盖了大量的半结构化及非结构化数据,如文本、图像、音频和视频等。大数据的价值在于其数据的广度与深度,为深入分析和理解各类现象提供了丰富的视角。

2011年以来,不同的学者、机构一直在总结大数据的特点,简单来说,大数据的特点通常被概括为"5V",即规模性(volume)、真实性(veracity)、高速性(velocity)、多样性(variety)和价值性(value)。规模性是指数据的数量庞大;真实性包括数据可信性、真伪性、来源和信誉、有效性和可审计性等;高速性表示数据生成和流转的速度快;多样性指的是数据类型丰富;价值性则体现为在大数据发展的过程中最关键的问题就是如何采用核心大数据分析技术来进行数据价值挖掘,通过分析和应用这些数据可以带来重要的经济和社会效益。大数据"5V"特征如图7-1所示。

2. 大数据技术的发展与应用

随着计算能力和算法的进步,大数据技术快速发展,并在多个领域得到了广泛的应用。例如在商业领域,它被用来分析消费者行为、预测市场趋势以及推荐产品;在医疗领域,它被用于疾病的预测、医疗资源的优化配置和个性化治疗;在交通领域,它用于监控交通流量、智能导航和城市规划等。大数据技术为处理海量数据提供了新的途径,使从中提取有用信息成为现实。

3. 大数据技术在地质资料管理中的意义

在地质资料管理领域,大数据技术具有革命性的影响。首先,它提高了管理效率,通过自动化和智能化手段处理大量地质数据,减少了人工操作的需求和时间成本。其次,大数据

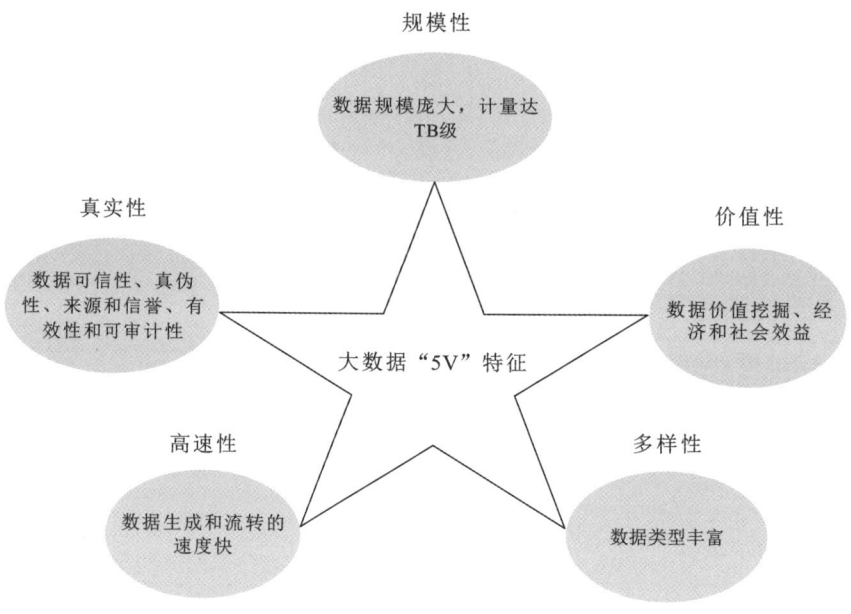

图 7-1 大数据"5V"特征图

技术有助于知识发现,通过数据挖掘和分析,揭示地质规律,为科学研究提供新的见解。最后,大数据技术还支持决策制定,为地质勘探、环境保护和灾害预防提供科学依据,帮助决策者做出更明智和有效的决定。

例如在地质勘探中,大数据技术可以分析地球物理、地球化学和遥感数据,快速识别矿产资源的有利区域;在环境保护中,通过分析环境监测数据,可以及时发现污染源和生态变化;在灾害预防中,大数据技术能够整合气象、地质和水文等多方面数据,提前对潜在的自然灾害进行预警。

二、大数据技术在地质资料收集与整合中的应用

1. 多源数据采集

在地质资料的收集与整合中,大数据技术的应用大大提升了数据采集的效率和质量。地质数据具有多样性和复杂性,其来源包括遥感数据、地球物理勘探数据、地球化学勘探数据以及地表和地下测量数据等。这些数据的采集手段和平台多种多样,传统的数据采集方法难以满足现代地质研究和资源管理的需求。

利用遥感技术,可以从不同波段获取地球表面信息,如地形、植被覆盖和土壤类型等,这些信息对于分析地质结构及其变化至关重要。地球物理勘探方法,如地震勘探、磁力勘探和电磁勘探等,能够揭示地下的结构和组成,为矿产资源探测提供关键数据。地球化学勘探则通过分析土壤、岩石和水体中的化学成分,发现异常区域,为矿产勘查提供线索。

然而,来自不同源的数据通常存在格式不一致、标准各异的问题,给数据整合和后续分

析带来了挑战。因此,数据标准化成为一个关键环节。建立统一的数据格式和编码规范,是确保数据互操作性和后续处理准确性的基础。例如可以采用国际通用的地质数据标准,如国际地质科学联合会(IUGS)推荐的标准岩石地层单位代码,来编码地质单元,确保不同来源的数据能够无缝集成。

通过建立这样的标准化体系,不仅提高了数据的利用率,还促进了跨学科和跨机构的数据共享与合作。这对于地质科学研究、资源勘查和环境监测等领域具有重要意义,因为只有当数据能够自由流动并被广泛利用时,其才能发挥其最大价值。

此外,大数据技术在数据采集过程中还能提供实时监控和初步分析能力,通过智能算法筛选有价值的信息,支持地质资料的快速收集和应急响应。例如在地质灾害发生后,可以利用大数据技术快速分析遥感数据和地面监测数据,评估灾害影响范围和潜在风险,为救援和防灾减灾提供科学依据。

2. 数据整合与清洗

在地质资料的收集与整合过程中,大数据技术的应用不仅体现在多源数据的高效采集上,更重要的是还体现在数据整合与清洗环节。这两个环节是确保数据质量、提高数据利用效率的关键步骤,对于后续的数据分析、模型构建和决策支持具有重要意义。

数据融合是指将不同来源、不同类型的数据整合成一个完整的数据集,以便进行全面分析和评估。在地质领域,数据类型繁多,包括遥感影像、地球物理测量数据、地球化学分析结果和地质钻探记录等。这些数据不仅格式各异,而且测量尺度和精度也不尽相同。因此,数据融合首先要解决格式和标准统一的问题。通过制定统一的数据接入标准和转换规则,可以实现不同来源数据的无缝对接。其次要进行空间和时间上的对齐,确保数据在空间位置和时间点上的一致性,这对于分析地质事件的时空演变尤为重要。

数据清洗是去除数据集中重复、错误和不完整数据的过程,以提高数据质量。在实际操作中,由于数据采集设备的误差、人为操作失误或数据传输中的问题,原始数据往往包含大量噪声和错误信息。例如遥感数据可能因云层遮挡或传感器故障而产生噪声;地质样本分析结果可能因污染或操作不当而失真。这些低质量数据如果未经处理直接使用,将严重影响分析结果的准确性和可靠性。

因此,数据清洗至关重要。首先,需要通过自动化脚本和人工审核相结合的方式识别并删除重复的数据条目。其次,利用统计学方法和数据挖掘技术识别异常值及离群点,这些可能是由测量误差或录入错误造成的。再次,对于缺失的数据,可以根据情况进行填充或插值,或直接剔除那些无法修复的记录。最后,还可以应用平滑和滤波算法,减少数据中的随机噪声,提高信号的信噪比。

经过数据整合与清洗,得到的地质数据集不仅在数量上更加庞大,而且在质量上更加可靠,为后续的地质模型构建、资源评估和环境监测提供了坚实的数据基础。随着机器学习和人工智能技术的发展,未来的数据整合与清洗工作将更加智能化和自动化,能够更高效地处理更大规模的数据集,为地质科学研究和相关领域的决策提供更加准确与全面的数据支持。

三、大数据技术在地质资料存储与管理中的应用

1. 分布式存储系统

在当前地质资料规模和复杂性日益增强的背景下,传统的数据存储与管理方法已难以满足需求。大数据技术,尤其是分布式存储系统,如 Hadoop 和 NoSQL 数据库的应用,为地质数据的高效存储和访问提供了新的解决方案。

Hadoop 是一个开源框架,它允许用户在分布式硬件上存储和处理大量数据。Hadoop 的核心组件包括 HDFS(hadoop distributed file system),一个高度可靠且可扩展的分布式文件系统,以及 MapReduce,另一个用于大规模数据处理的编程模型[19]。地质数据,包括从遥感图像到地球物理测量的复杂数据集,可以在 HDFS 中被分块并分布在多个节点上,从而实现数据的并行处理和快速访问。

NoSQL(非关系型数据库)提供了另一种数据存储和管理的方式。与传统的关系型数据库相比,NoSQL 数据库在处理结构化和非结构化数据方面更加灵活,并且更容易横向扩展。相对地质资料而言,不同类型的数据,如地质日志、化学分析结果和三维地震数据,都可以根据其特性选择最适合的 NoSQL 数据库类型进行存储,如文档存储、键值存储和列族存储等。

这些分布式存储系统不仅提高了数据存储的效率,还增强了数据的可访问性。通过在多个服务器节点上分布数据,系统能够同时处理多个数据请求,极大地提高了数据处理速度。此外,这些系统通常包括数据冗余机制,如 Hadoop 的多副本策略,可确保数据的高可用性和容错能力。

数据备份与容灾是地质资料存储与管理中不可忽视的方面。在面对自然灾害、设备故障或人为错误时,数据备份是确保数据不丢失的重要措施。利用分布式存储系统的特性,可以实现数据的自动备份和多地备份,极大地提升了数据的可靠性。例如通过在不同地理位置设置数据中心,即使某个中心发生故障,其他中心仍然可以提供数据服务,保证业务的连续性。

2. 数据管理系统开发

在地质资料的存储与管理中,大数据技术不仅通过分布式存储系统提升了数据的存储效率和访问速度,还通过数据管理系统的开发实现了对数据的高效管理和安全保护。数据管理系统是地质资料管理的核心,它不仅需要具备强大的数据处理能力,还需要提供用户友好的操作界面,以支持数据的查询、检索、分析等功能。

设计一个用户友好的数据管理平台首先需要考虑用户体验。这意味着平台应具有直观的操作界面、简洁明了的导航栏以及清晰的功能区域划分。例如可以通过图表和地图直观展示地质数据,使用户能够轻松理解数据内容和关联。其次平台还应提供强大的搜索引擎,支持关键词搜索、模糊匹配以及多条件组合查询,以便用户能够快速找到所需数据。

数据分析功能也是数据管理系统的重要组成部分。平台应提供一系列的数据分析工具,如数据可视化、统计分析、模型构建等,帮助用户深入挖掘数据背后的信息。这些工具应

该易于使用,无需专业的编程技能,让用户通过简单的操作就能进行复杂的数据分析。例如可以通过拖拽的方式构建数据模型,或者通过选择预设的模板来生成报告。

数据安全是数据管理系统设计中的另一个关键方面。实现数据权限控制是保障数据安全的有效手段。系统应该有一个完善的权限管理模块,定义不同级别的用户角色和相应的数据访问权限。例如普通用户可能只能查看基本数据,而高级用户则可以修改数据和执行高级分析。通过这种方式,可以确保敏感数据不会被未授权的用户访问,同时也能够防止数据误操作和泄露。

此外,数据管理系统还应该具有审计跟踪功能,记录所有用户的操作历史,以便在出现问题时追溯责任。同时,系统还应该定期进行安全检查和漏洞扫描,及时发现并修复安全风险,确保系统的稳定运行。

四、大数据技术在地质资料分析与挖掘中的应用

1. 数据挖掘算法

大数据技术在地质资料的分析与挖掘中扮演着至关重要的角色。通过应用一系列数据挖掘算法,如聚类算法、分类算法、关联规则算法等,研究人员能够从庞大的地质数据集中提取有价值的信息,这些信息对于理解地质现象、指导资源勘探和环境监测具有重要意义。

(1)聚类算法在地质资料分析中的一个典型应用是岩石类型的自动分类。通过分析岩石样本的化学成分、物理性质和结构特征,聚类算法能够将相似的样本归为一类,从而帮助地质工作者识别出不同的岩石类型和岩层分布。这种自动化的分类方法不仅提高了工作效率,还减少了人为误差,为后续的地质建模和资源评估提供了准确的基础数据。

(2)分类算法可以用于地质灾害的预测。例如通过分析历史灾害数据及相关地质环境特征,分类算法可以建立地质灾害发生的预测模型。该模型能够根据新的地质环境数据预测未来可能发生灾害的区域和概率,为防灾减灾工作提供科学依据。

(3)关联规则算法在地质资料挖掘中同样具有广泛的应用。它能够揭示不同地质属性之间的关联关系,例如某些矿物的存在可能与特定的地质结构或地质历史事件有关。通过发现这些关联规则,地质工作者可以更好地理解地质过程和成矿规律,为矿产资源的勘探提供指导。

除了上述算法,还有许多其他数据挖掘技术在地质资料分析中得到应用,如神经网络用于地震信号的识别和分类,决策树用于评估地下水污染风险,时间序列分析用于研究地质事件的演变过程等。

这些数据挖掘算法不仅能够挖掘地质数据中的隐藏信息,还能够实现对地质现象的预测和模拟。例如通过构建地质过程的数学模型,并利用历史数据进行参数估计和验证,研究人员可以模拟地质过程的演变,预测未来的变化趋势。这对于科学研究、资源开发和环境保护都具有重要的实际意义。

2. 可视化分析

在地质资料的分析与挖掘中,大数据技术的另一项关键应用是可视化分析。这种技术利用图形、图像等直观的方式展示复杂的地质数据,极大地提高了数据的可理解性,为科研人员和决策者提供了快速、准确的数据解读手段。

地质数据通常具有多维度和大规模的特点,包括地球物理测量数据、遥感影像、地质样本分析结果等。这些数据如果仅以数字或文本的形式呈现,往往让人难以直接把握其深层含义。而通过可视化技术,可以将这些数据转换为色彩斑斓的地图、清晰的图表、动态的三维模型等形式,使人们能够迅速捕捉到数据的关键信息和潜在规律。

例如通过将地球物理测量数据映射到三维地质模型上,研究人员可以直观地观察到地下结构的变化,识别出潜在的油气藏或矿体。这种三维可视化不仅有助于理解地质构造,还可以指导实际的钻探工作,提高资源勘探的成功率。

对于遥感影像数据,可视化技术同样发挥着重要作用。通过将不同波段的遥感数据叠加显示,可以清晰地看到地表覆盖变化、监测环境退化、城市扩张等现象。此外,时间序列的遥感影像可视化还能展现出气候变迁对地表景观的影响,为气候变化研究提供直观的证据。

在地质样本分析中,可视化技术也有着广泛的应用。通过将化学分析结果以图表的形式展现,可以直观地比较不同样本的元素含量差异,发现异常值,为矿产资源评估和环境监测提供依据。同时,利用热力图等可视化手段,可以揭示元素分布的空间规律,指导进一步的勘探工作。

可视化分析不仅可提高对数据的理解速度,还支持决策确定。在灾害应急管理中,通过将实时监测数据以地图形式展现,决策者可以迅速了解灾害影响范围和程度,做出及时的应对措施。在城市规划中,通过可视化分析地质稳定性和资源分布,可以为城市的可持续发展提供科学依据。

五、大数据技术在地质资料共享与服务中的应用

1. 数据共享平台建设

在大数据技术的推动下,地质资料的共享与服务迎来了新的发展机遇。建立地质数据共享平台,实现地质资料的广泛共享,是大数据技术在这一领域的重要应用之一。这样的平台不仅促进了数据的流通和利用,还为跨学科研究提供了基础设施,推动了地球科学的发展。

地质数据共享平台的建设首先需要解决数据的整合问题。由于地质数据的多样性和复杂性,数据来源广泛,格式各异,因此需要一个强大的数据集成系统来统一管理和存储这些数据。这个系统集成了数据采集、清洗、存储和发布等功能,能够将不同来源和格式的数据转换为统一的标准格式,便于用户查询和使用。

除了技术层面的挑战,数据共享还涉及政策和权益问题。为了保障数据提供者和用户的权益,需要制定合理的数据共享政策。这些政策应明确数据所有权、使用权和访问权限,

规定数据的使用范围和条件,以及如何处理数据共享过程中可能产生的知识产权争议。通过这些政策,既可以保护数据所有者的利益,也可以鼓励数据的开放和共享,促进科研合作和知识创新。

2.个性化服务提供

大数据技术还使得个性化地质数据服务的提供成为可能。根据不同用户的需求,可以提供定制化的地质数据服务,这些服务在科学研究、工程勘查、环境保护等多个领域都有广泛的应用。

在科学研究领域,研究人员可能需要特定区域或特定类型的地质数据来进行研究。通过地质数据共享平台,他们可以快速获取所需的数据,甚至可以请求平台提供特定的数据处理和分析服务,以满足研究的特殊需求。例如古气候学研究可能需要大量的岩心样本数据和遥感影像数据,而平台可以根据研究人员的需求,提供相应的数据和分析工具。

在工程勘察领域,工程师在进行基础设施建设时,需要详细的地质资料来评估地质条件和潜在风险。地质数据共享平台可以提供包括地下构造、岩土性质、地震活动记录等在内的详细地质信息,帮助工程师进行准确的勘察和设计。

在环境保护领域,大数据技术可以帮助环境研究人员监测和分析环境变化。通过共享平台提供的实时监测数据和历史数据,研究人员可以评估人类活动对环境的影响,制订有效的环境保护措施。

第二节 地质资料管理中的云计算技术应用

一、云计算技术简介

1.云计算的定义与核心特征

云计算是一种革新性的计算模式,彻底改变了我们的工作与生活。通过互联网,云计算提供了一种按需访问共享计算资源和数据的服务,包括应用程序、存储、服务器、数据库、网络和软件等。用户不再需要直接拥有和管理物理基础设施,而是可以通过网络从云端获取所需的资源和服务,以实现数据的处理和存储。

云计算的核心特征包括自助服务、广泛的网络访问、资源池化、快速弹性和按需服务。自助服务意味着用户能够自行获取所需资源,无需人工干预。广泛的网络访问确保用户能够通过多种设备和平台访问云服务。资源池化指的是云服务提供商将资源集中管理,并根据用户需求动态分配。快速弹性则保证了用户可以根据实际需求迅速扩展或收缩资源。按需服务是一种支付模式,用户只需为实际使用的资源和服务付费,无需前期投入。

2. 云计算技术的发展与应用现状

云计算技术的发展始于20世纪90年代，当时企业开始尝试通过互联网提供软件服务。进入21世纪，随着计算能力的增强、存储成本的下降，以及互联网的普及，云计算技术迅速发展。

如今，云计算已经被广泛应用到各个行业中。在商业领域，企业利用云计算进行数据分析、客户关系管理和供应链优化，提高了运营效率和竞争力。在科研领域，云计算帮助研究人员进行复杂的模拟和计算，加速了科研进度。在教育领域，云计算使得教学资源和平台得以在线共享，促进了教育资源的均衡。在医疗领域，云计算提高了医疗数据的安全性和可靠性，改善了医疗服务的质量。

展望未来，云计算技术将更加注重安全性、可靠性和智能化。随着数据量的增长和应用的深化，确保数据的安全和隐私将是重要挑战。此外，随着机器学习和人工智能的进步，未来的云计算平台将更加智能，能够提供更加个性化和高效的服务。

二、云计算技术在地质资料存储中的应用

1. 云存储技术概述

云存储技术作为云计算的一部分，其核心理念是通过将数据托管到远程数据中心，实现数据的在线存取和管理。这种技术的优势在于其可扩展性、灵活性和成本效益。通过云存储，企业可以根据需求动态调整存储容量，而无需投资昂贵的硬件设备。同时，云存储服务通常提供数据备份和恢复服务，确保数据的安全性和可用性。

选择云存储服务提供商时，需考虑多个因素。首先，服务的可靠性和稳定性至关重要，以确保数据的持续可用。其次，安全性是一个重要考量，包括数据加密、访问控制和安全审计等措施。此外，服务提供商的技术支持和服务水平协议也会影响选择。最后，成本效益分析也是必不可少的，用户需要根据预算和存储需求选择合适的服务方案。

2. 地质资料的云存储方案

对于地质资料而言，设计一个合适的云存储架构至关重要。此架构需要考虑地质数据的多样性和复杂性，包括地质样本数据、遥感影像、地球物理测量数据等。有效的云存储方案应支持不同类型数据的存储和管理，同时保证数据的完整性和一致性。

设计地质资料的云存储架构时，需要对数据进行分类和归档，以便检索和使用。这可以通过建立元数据管理系统来实现，元数据描述了数据的属性和特征，帮助用户快速定位所需数据。鉴于地质资料的敏感性和价值，云存储方案必须包含强大的数据安全机制，如数据加密、身份验证和访问控制等。

为了实现地质资料的安全、高效存储，云存储方案还应具备高可用性和灾难恢复能力。这可以通过在不同地理位置部署数据中心来实现，一旦某个数据中心发生故障，其他中心可以继续提供服务，确保数据的持续可用。同时，定期的数据备份和恢复测试也是必要的，以防数据丢失或损坏。

三、云计算技术在地质资料处理与分析中的应用

1. 云计算平台的选择与搭建

在当前的科技革命和产业变革中,云计算技术以其高效、灵活、可扩展的特点,为各行各业提供了全新的解决方案。尤其是在地质资料的处理与分析领域,云计算技术的应用具有重要意义。然而,要充分利用云计算技术的优势,首先需要选择合适的云计算平台,并搭建适应地质资料处理与分析需求的环境。

选择云计算平台时,需要综合考虑多个因素。首先,平台的计算能力和存储容量是首要考虑因素。地质资料处理与分析通常涉及大量数据和复杂的计算任务,因此,选择具有强大计算能力和海量存储容量的云计算平台非常重要。其次,平台的服务和工具也是选择依据。当前主流云计算服务商有阿里云(Alibaba Cloud)、腾讯云(Tencent Cloud)、华为云(Huawei Cloud)、Amazon Web Services(AWS)、Microsoft Azure 和 Google Cloud Platform(GCP),其提供了丰富的服务和工具,能够支持地质数据处理和分析的特殊需求。此外,还需考虑云计算平台的网络性能、安全性及成本效益等因素。

选定合适的云计算平台后,下一步是在平台上部署相应的软件和工具,建立适应地质资料处理与分析需求的工作空间。具体来说,首先,需要部署数据库管理系统,用于存储和管理地质资料;其次,部署数据处理和分析软件,用于预处理、分析和挖掘地质资料;最后,可以部署机器学习框架等高级工具,用于构建地质资料处理与分析的智能模型。通过配置虚拟机或容器等技术,可以在云端建立类似本地环境的工作空间,便于研究人员远程进行数据处理和分析。云平台总体建设思路如图7-2所示。

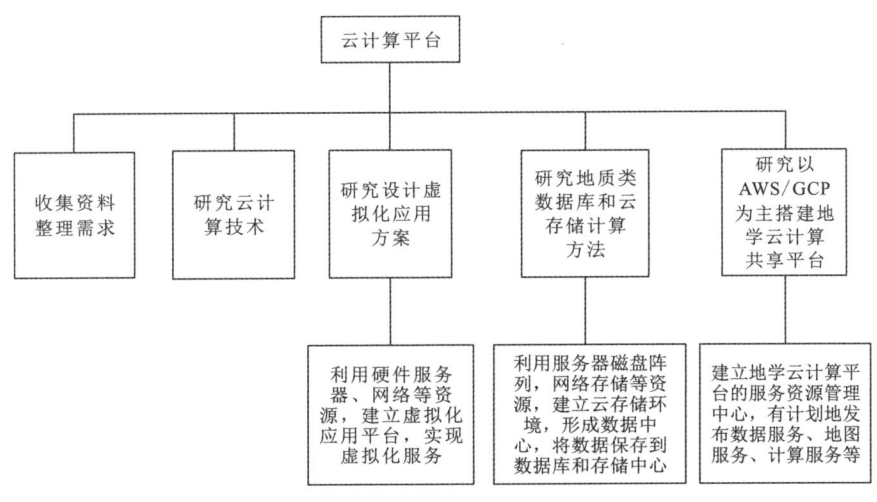

图7-2 云平台总体建设思路图

2.地质资料的云计算处理流程

在当今科技革命和产业变革中,地质资料处理领域正经历从传统模式向云计算模式的转变。云计算技术以其高效、灵活、可扩展的特点,为地质资料处理提供了全新的解决方案。地质资料的云计算处理流程通常包括数据上传、预处理与分配、并行计算与结果汇总等步骤,优化和完善这一流程对提升地质资料处理效率和质量至关重要。

首先,地质资料的云计算处理流程涉及数据上传。在传统模式下,地质数据分散在不同的设备和系统中,难以实现高效的数据共享和利用。云计算平台提供了便捷的数据上传工具,如FTP、API调用等,可以方便地将地质数据上传至云平台,不仅提高了数据传输效率,还降低了数据丢失和损坏的风险。

数据上传后,需要进行预处理操作。预处理是确保数据质量和一致性的关键步骤,包括数据清洗、格式转换、元数据提取等。在云计算平台上,可以借助各种数据处理工具和服务对这些数据进行自动化的预处理操作。例如利用数据清洗工具去除冗余和错误数据,利用格式转换服务将不同格式的数据统一为标准格式,利用元数据提取服务获取数据的相关信息。这些操作不仅提高了数据的准确性和可用性,也为后续的数据分析和挖掘奠定了基础。

其次是数据分配和并行计算。云计算平台通常具有强大的计算能力和丰富的计算资源,可以根据数据处理需求,将数据分配到不同的计算节点上进行并行计算。在云计算平台上,可以采用负载均衡和任务调度机制,根据节点的计算能力自动分配任务,优化计算资源的使用。各节点完成各自计算任务后,将结果返回主节点进行汇总。这种并行计算模式大幅提高了数据处理效率和速度,为地质资料的快速处理提供了支持。

最后,是对汇总结果的分析和整理。这可能涉及数据统计、模型构建、图表生成等操作。在云计算平台上,可以利用各种数据分析和可视化工具,对汇总结果进行深入分析和整理。通过对数据进行统计和分析,可以发现数据中的规律和趋势;通过构建模型和生成图表,可以将数据以直观的方式展示出来,为后续的数据解释和决策提供依据。这些分析和整理工作不仅提高了数据的利用价值,也为地质科学研究和资源开发提供了重要参考信息。

3.地质资料的云计算分析方法

在信息化和智能化时代,地质资料分析的方法和手段不断创新与发展。云计算技术作为一种新兴计算模式,为地质资料分析提供了新思路和解决方案。特别是数据挖掘和机器学习等高级分析技术,在云计算平台的支持下,展现出强大的应用潜力。

云计算平台的强大计算能力为运行复杂的数据挖掘算法和机器学习模型提供了支持。传统地质资料分析受计算资源限制,难以处理大规模数据集,运行复杂分析模型。而云计算平台具有海量计算资源和高效并行计算能力,可以快速处理大规模地质数据,并运行复杂分析模型,揭示地质数据中有价值的信息。

通过云计算进行地质数据的聚类分析,可以识别具有相似特征的地质样本,从而推断潜在的地质结构或成矿规律。聚类分析是一种无监督学习算法,可以将相似样本聚集在一起形成簇。在地质资料分析中,可以利用聚类算法对地质样本进行分组,发现潜在的地质结构和成矿规律。这种方法不仅能提高矿产勘探的成功率,还可为地质科学研究提供重要参考信息。

关联规则分析是另一种常用的数据挖掘方法,它可以发现不同地质属性之间的相关性。在地质资料分析中,可以通过关联规则分析发现不同地质因素之间的相互关系,如地层、构造、岩石类型等。这些关联性可以为矿产勘探提供重要线索和指导,从而提高勘探的针对性和效率。

除了数据挖掘外,云计算还可以用于地质现象的预测与模拟。通过建立地质过程的数值模型,并利用云计算平台进行大规模模拟计算,可以预测地质事件的发展动态和评估地质灾害风险。这种预测与模拟方法为防灾减灾提供科学依据,减少地质灾害对人民生命财产的损失。

四、人工智能技术在地质资料分析与挖掘中的应用

1. 深度学习与地质数据分析

在地质资料的分析与挖掘过程中,人工智能技术,如 DeepSeek 一个先进的 AI 技术平台,具备强大的深度学习、自然语言处理和大数据分析能力,为揭示地质数据中的隐含信息提供了强有力的工具。通过使用深度学习算法对地质数据进行深层次分析,研究人员能够识别出传统方法难以捕捉的复杂模式与关联。这对于理解地质过程、资源分布以及环境变迁具有重大意义。

深度学习在地质数据分析上的应用涵盖了许多方面,如地震数据的解释、油气层的识别以及矿产资源的预测等。例如在地震数据的解释中,深度学习算法能自动从地震波形数据中提取特征,并识别地层结构、断层和裂缝等地质现象。而在油气层的识别中,深度学习模型可以根据测井数据和岩心分析的结果,精确地预测油气层的分布及性质。

除此之外,深度学习也被用于地质现象的智能预测与模拟。通过建立基于深度学习的数学模型,可以模拟地质过程的发展,并评估地质灾害的风险,为科学研究和决策提供支持。这些模型利用了大量的历史数据进行训练,能够考虑到多种因素和变量,从而提供精确的预测结果。

2. 智能化地质图件编制

在地质研究与应用领域,地质图件是至关重要的工具,它们直观地展示了地下结构、岩石分布以及地质历史等信息。然而,传统的地质图件编制过程往往既耗时又耗力,又容易受到主观因素的影响,导致准确性和一致性较差。随着人工智能技术的发展,特别是计算机视觉和机器学习的进步,智能化地质图件的自动化编制已成为现实。

利用人工智能技术自动化地质图件的编制,其最大的优点在于效率的提升。通过训练机器学习模型来识别和分类诸如岩石类型、地层边界、断层位置等地质数据,人工智能可以快速生成初步的地质图件草图。另外,计算机视觉算法可以进一步优化这些草案,调整图层布局,确保图件的美观和可读性。整个过程几乎不需要人工干预,极大地缩短了编制时间。

此外，人工智能技术在提高地质图件的准确性方面也显示出了巨大的潜力。机器学习模型能够处理大量的复杂数据，识别出细微的模式和规律，这些通常是传统方法难以察觉的。例如通过分析多源地质数据，人工智能可以更准确地预测矿体的形状和分布，为资源评估提供更可靠的依据。

除了对编图过程的改进，智能化地质图件还实现了智能更新与维护。随着新的地质数据不断涌现，传统图件需要手动更新，这不仅费时且容易出错。而人工智能系统可以自动整合新数据，实时更新图件内容，保持数据的新鲜度。此外，人工智能还可以根据新数据自动调整图件的样式和内容，确保其始终符合最新的地质研究成果和标准。

值得注意的是，智能化地质图件的编制并不是要完全替代人类专家的角色，而是作为一个强有力的辅助工具。地质工作者可以借助人工智能系统快速生成初步图件，然后进行专业解读、修正和补充，以确保图件的科学性和实用性。这种人机协作的方式将人工智能高效的数据处理能力与人类专家的知识和经验结合起来，有望促进地质学研究和应用的发展。

五、人工智能技术在地质资料共享与服务中的应用

1. 智能共享系统的建设

在云计算和大数据技术支持的基础上，构建一个高效且安全的地质资料智能共享系统是人工智能技术的一项重要应用。这样的系统不仅要具备强大的数据存储和处理能力，还需要实现数据的智能分类、检索和推荐，以及用户访问控制和数据安全管理。通过利用机器学习算法，系统可以自动识别和归类新上传的地质资料，使之能够被快速检索和定位。同时，基于用户的历史查询和使用行为，系统还可以智能推荐相关的地质资料，提高用户获取信息的效率。

此外，智能共享系统还需要确保数据的安全和隐私保护。通过采用先进的加密技术和访问控制策略，系统可以对敏感数据进行加密存储，并限制未经授权用户访问。同时，通过实时监控和分析系统的访问日志，可以及时发现并防范潜在的安全威胁，确保地质资料的安全可靠共享。

2. 定制化地质服务

利用人工智能技术提供定制化的地质服务是其在地质资料共享与服务领域的另一项重要应用。通过深度学习和自然语言处理技术，可以实现地质资料的智能解读和分析，为用户提供个性化的地质信息解读和咨询服务。例如根据用户提出的地质问题或需求，系统可以自动分析相关的地质资料，提炼出关键信息，并以易于理解的方式呈现给用户。这不仅降低了用户理解和利用地质资料的难度，还提高了地质信息的利用率和价值。

此外，人工智能技术还可以用于地质灾害风险评估和预警。通过对历史地质数据和当前监测数据的智能分析，系统可以预测未来可能发生的地质事件，如地震、滑坡等，并及时向受影响区域的用户提供预警信息。这有助于用户提前采取应对措施，减少地质灾害可能带来的损失。

3. 多领域地质研究的应用

人工智能技术在多领域地质研究中的应用也是其在地质资料共享与服务领域的一个重要体现。通过集成和分析来自不同领域的地质资料，如地球物理、地质、生物地质等，人工智能技术可以揭示这些资料之间的复杂关系，为跨学科的地质研究提供支持。例如在油气勘探领域，通过分析地震、钻井、地质等多源数据，人工智能技术可以帮助研究人员更准确地预测油气藏的分布和特性，从而提高勘探的成功率。

同时，人工智能技术还可以用于优化地质调查和采样策略。通过对历史地质调查数据和实际采样数据的分析，系统可以智能推荐最优的调查和采样点位，减少不必要的工作量，提高地质调查的效率和准确性。

第三节　地质资料管理中的物联网技术应用

一、物联网技术的概述

1. 物联网的定义、发展历程及核心技术

物联网（IOT），即通过信息传感设备和网络技术实现人、机、物之间的智能连接与互动。该概念最早出现在 1999 年，最初侧重于通过射频识别（RFID）等技术来实现物品管理的智能化。随着时间的推移，物联网的范畴逐渐扩大，现已成为全球信息技术产业不可或缺的一部分。

物联网的发展经历了几个阶段：①初始阶段主要依赖 RFID 技术，应用于物流与零售业；②随着传感器和无线通信技术的进步，物联网逐步渗透到智能家居、智慧城市等领域；③近年来，得益于 5G、边缘计算等新兴技术的发展，物联网迎来了飞速发展的新时期，其应用场景愈发广泛，技术也日趋成熟。

物联网的核心技术涵盖感知层技术、网络层技术和应用层技术。感知层技术主要包括各种传感器，如温度、湿度、压力传感器等，用于采集外界信息；网络层技术则涉及多种通信手段，如 Wi-Fi、蓝牙、ZigBee 等，负责信息传输；应用层技术则利用云计算和大数据分析等手段来处理与利用这些信息。

2. 物联网在数据采集、传输、处理等方面的优势

物联网在数据采集方面的优势在于其自动化和即时性。通过遍布各地的传感器，物联网能够自动收集温度、湿度、压力等各种数据，无需人工介入。并且，由于传感器能够持续运作，物联网可以提供即时的数据流，为后续处理和分析提供最新信息。

在数据传输方面，物联网的优势在于高效和可靠。借助 Wi-Fi、蓝牙、ZigBee 等无线通信技术，物联网可以迅速将采集到的数据传送至远程服务器或云端进行处理和分析。同时，

通过多种通信协议和加密手段,物联网确保了数据在传输过程中的安全性和可靠性。

至于数据处理方面,物联网的优势则在于智能性和精确性。利用云计算和大数据分析技术,物联网能够深入挖掘收集到的数据,提取有价值的信息。并且,通过机器学习和人工智能算法,物联网能够在数据处理过程中实现智能决策和预测,为后续应用提供精准支持。

3.支持地质灾害预警与应急响应

物联网在地质灾害预警与应急响应方面扮演着重要角色。通过在地质不稳定区部署传感器网络,物联网能够实时监控地质环境变化,如土壤湿度、地下水位、地面移动等。一旦监测到异常变动,物联网系统会即时发送警报,提示相关人员采取措施以预防地质灾害的发生。

在应急响应方面,物联网同样发挥了关键作用。一旦地质灾害发生,物联网系统能够迅速收集现场信息,包括受灾范围、伤亡情况、交通状况等,并将这些信息传递给应急管理部门。借助这些信息,应急部门可以制订合理的救援计划,调配资源,提高救援效率。

二、物联网技术在地质资料收集中的应用

1.物联网传感器网络

在地质资料收集领域,物联网技术的应用日益增多,物联网传感器网络尤其重要。通过在关键地质位置部署各种传感器,如土壤湿度、位移、温度等传感器,可以实时监控地质环境的变化,为后续数据分析和决策提供坚实的基础。

物联网传感器网络由多个传感器节点组成,这些节点通过无线网络互相连接,形成自组织网络。每个节点负责采集特定类型的地质数据,并通过无线技术实时上传至数据中心。在数据中心,地质数据经过预处理和净化后,可以进行深入分析。通过对这些数据的解析,研究人员能够更好地理解地质环境变化规律,预测地质灾害,并为相关部门制订防治措施提供科学依据。

物联网传感器网络在地质资料收集中的应用具有诸多优点。首先,它可以实时反映地质环境的变化,确保数据的时效性和准确性。其次,由于传感器节点间采用无线通信,无需复杂的布线,降低了部署成本和维护难度。此外,物联网传感器网络还具有良好的扩展性,可以根据需要增减节点数量,以适应不同规模的地质监测需求。

除了物联网传感器网络外,卫星遥感技术也在地质资料收集过程中扮演着重要角色。通过卫星上的传感器,可以获取大面积的地表信息,如地形地貌、植被覆盖、水文状况等,这些信息对于分析地质环境的整体特征和变化趋势极为重要。

2.远程数据采集系统

在信息化时代,数据采集与传输已成为推动各行各业发展的关键因素。特别是在地质领域,准确的地质数据对于资源勘探、环境监测、灾害预防等都至关重要。然而,传统的地质数据采集方式通常依赖人工现场操作,不仅效率低下,而且容易受到主观因素的影响,导致

数据质量不稳定[20]。因此,优化数据采集流程,提高采集效率与数据质量,成为地质行业的迫切需求。

物联网技术的出现为地质数据采集带来了新的契机。借助物联网技术,可以实现地质数据的远程采集与传输,大幅提升数据采集的效率和准确性。具体来说,可以通过在监测区域部署传感器等设备自动采集地质数据,并通过无线网络实时传输至数据中心。

数据中心接收数据后,可以进行实时处理和分析,生成可视化的报告,供科研人员进一步研究。这种远程数据采集系统不仅减少了人工现场操作的需求,降低了人力成本,还能实现对地质环境的持续监测,确保数据的时效性和连续性。

物联网技术在优化数据采集流程方面发挥了重要作用。首先,物联网设备可以根据预设程序自动采集数据,无需人工干预,减少了人为错误的可能性。其次,物联网设备通常具有高精度和高可靠性,可以在不同环境下稳定工作,以保证数据的准确性。此外,物联网技术还能实现多源数据融合,通过整合来自不同传感器的数据,提供更加全面、准确的地质信息。

在提高数据采集效率方面,物联网技术同样展现出巨大潜力。传统地质数据采集方法需要耗费大量时间和资源进行现场采样和分析,而物联网技术可以实现实时监测和快速传输,大幅缩短数据采集周期。同时,借助云计算和大数据分析技术,可以对海量地质数据进行快速处理和分析,提取有价值的信息,为科研和决策提供支持。

不过,要实现物联网技术在地质数据采集中的广泛应用,还需克服一些挑战。首先,地质环境复杂多变,对传感器等设备性能要求较高,需要持续研发高性能、高可靠性的物联网设备,以适应不同地质环境。其次,数据传输的安全性也是一个重要问题,由于地质数据涉及国家安全和商业秘密,因此在数据传输过程中需采取加密等安全措施,防止数据泄露和篡改。

三、物联网技术在地质资料存储与管理中的应用

在地质资料的存储与管理中,物联网技术的应用极大地提升了数据存储的实时性和完整性。通过设计实时数据存储方案,地质数据在采集后即可传输至数据中心存储,确保了数据的时效性。这一点对于地质监测和预警尤为关键,因为研究人员可以迅速响应地质变化,及时采取必要的预防或应对措施。

物联网技术还支持地质数据的自动备份与恢复功能。这意味着数据不仅会在主存储系统中保存,还会在多个备份站点中同步存储。这样即便主存储系统发生故障,数据也能从备份中迅速恢复,保证了数据的安全性和可靠性。自动备份与恢复流程减少了人为干预,降低了因操作失误导致的数据丢失风险。

此外,物联网技术使得地质数据管理更加智能化。通过应用机器学习算法,系统能够自动识别数据模式和异常,触发相应的数据处理流程。例如当监测到地下水位异常波动时,系统可以自动启动更详细的数据分析流程,并将结果通知相关研究人员。

物联网技术在提高数据存储和管理效率方面也发挥了重要作用。通过集成高效的传感器网络和先进的数据传输技术,地质数据可以高效地收集并传输至数据中心。在数据中心

内部，采用高性能服务器和优化的数据库管理系统，确保大规模数据的快速处理和存储。

未来，随着物联网技术的不断进步，其在地质资料存储与管理中的应用将更加广泛和深入。预计物联网技术将与云计算、大数据等技术结合，形成更加强大和智能的地质数据管理系统。这些系统不仅能够处理更大规模的数据，还能提供更加精准的数据分析和预测服务，为地质科学研究和资源管理提供有力支持。

四、物联网技术在地质资料分析与挖掘中的应用

1. 实时数据分析

在信息化和数字化迅速发展的今天，地质数据的分析与挖掘对于科学研究和决策至关重要。传统数据分析方法往往需要较长的数据采集和处理周期，无法满足现代科研和决策对时效性的需求。物联网技术的应用，使得地质数据的实时分析与挖掘成为可能，为地质科学研究提供了有力支持。

借助物联网技术，研究人员可以实时获取地质数据，并利用先进算法和模型进行快速分析。这种实时性不仅提高了数据分析效率，也让研究人员能够及时捕捉地质现象的变化规律，为科研提供更准确、可靠的依据。物联网技术在揭示地质现象变化规律方面发挥了重要作用。通过部署在关键地质位置的传感器网络，物联网技术可以实时监测地质环境变化，如地震活动、地下水位变动等。这些数据经过实时传输和分析，能够揭示地质现象的内在规律和发展趋势，为科学研究提供深入见解。

除了科学研究外，物联网技术在支持决策制订方面同样重要。通过实时分析地质数据，研究人员可以及时发现潜在的地质灾害风险，并为政府和相关部门提供科学依据，以制订预防和应对措施。例如在地震预警系统中，物联网技术可以通过实时监测地震波速度和方向，迅速计算出地震源位置和强度，为人员疏散和应急救援争取宝贵时间。

物联网技术还促进了跨学科研究的合作。地质学是一门综合性学科，需要融合地理、物理、化学等多个学科的知识和方法。物联网技术的集成使得不同学科的数据可以实时共享和融合，为跨学科研究提供了更加丰富和准确的数据基础。

2. 地质灾害预警系统

在全球气候变化和人类活动日益加剧的背景下，地质灾害的发生频率不断提高和影响范围不断增加。为此，构建高效的地质灾害预警系统变得尤为重要。物联网技术凭借其强大的数据采集、传输和处理能力，为地质灾害的实时监测与预警提供了新思路和方法。

基于物联网技术的地质灾害预警系统，需要构建一套完整的预警模型和算法。这些模型和算法通常基于对历史灾害数据的深入分析，并结合地质学、气象学、物理学等多个学科的知识，来识别地质灾害的风险因素和预测其发展趋势。通过这些模型和算法，系统能够对实时采集的地质数据进行快速分析处理，及时识别潜在地质灾害风险。

物联网技术在地质灾害实时监测与预警方面发挥核心作用。通过在关键区域部署传感器网络，物联网技术可以实时监测地质环境变化，如土壤湿度、地下水位、地面位移等。这些

数据通过无线网络实时传输到数据中心,经预处理后输入预警模型进行分析。一旦发现异常,系统会立即发出警报,并通过多种渠道将预警信息传达给相关人员和公众。

此外,物联网技术还提高了地质灾害应急响应能力。在灾害发生后,物联网技术可以迅速收集受灾区域的情况,并实时传输至应急管理部门。这有助于快速评估灾情,制订合理的救援计划,并调配资源,提高救援效率。

第四节 地质资料管理中的其他新兴技术应用

在当今科技迅猛发展与产业转型的大背景下,地质资料管理正迎来前所未有的发展机遇。随着一系列新兴技术的出现,地质资料的收集、储存、分析、共享及服务模式正在经历深刻的变革。这些新技术不仅显著提升了地质资料管理的效率与质量,还为地质科学探索与资源管理开辟了全新的途径。

首先,人工智能(AI)技术在地质资料管理中的应用日益广泛。借助机器学习与深度学习算法,AI能够对海量地质数据进行深度挖掘与分析,从中提炼出有价值的信息与洞见。例如在石油天然气勘探领域,AI可以通过分析地震数据自动识别潜在的油气储层位置,显著提高了勘探工作的成功率与效率。此外,AI还能用于地质数据的智能分类、检索与推荐,使研究人员更容易获取所需的地质信息。

其次,区块链技术在地质资料管理中也展现出巨大潜力。区块链技术凭借其去中心化、数据不可篡改及可追溯性等特点,为地质资料的安全存储与共享提供了新思路。通过将地质数据记录在区块链上,可以确保数据的安全性和可靠性,避免数据被篡改或泄露。同时,区块链技术还支持跨机构、跨地域的数据共享,促进地质科学研究的国际合作与交流。

参考文献

[1]王伟,焦飞翔,陈磊,等.地质数据集成与共享服务模式研究与应用:以泰州市为例[J].国土资源信息化,2020(4):50-55.

[2]梁虹,张建龙,秦川.云环境下的地质资料共享服务探讨:以"地质云"成都中心分节点建设为例[J].现代信息科技,2020,4(15):129-131.

[3]黄少芳,叶育红,孙玲,等.地质资料档案信息化与共享服务研究[J].中国煤炭地质,2019,29(12):104-107,113.

[4]田爱军,陈鑫.论新时期加强油田地质档案的社会化服务能力[J].中国管理信息化,2020,23(3):174-175.

[5]夏静怡.发挥档案资源优势 助力地质档案工作[J].城建档案,2021(4):9.

[6]刘鸿敏.地质档案信息化管理中存在的问题及优化措施[J].现代企业文化,2019(4):113-114.

[7]杨莉莉.关于实物地质资料数字化研究和保管体系建设的思考[J].内蒙古科技与经济,2020,446(4):71,161.

[8]李宝卫,李海峰.实物地质资料数字化研究和建设可行性[J].世界有色金属,2021,8(15):215-216.

[9]丁克永,许百泉,张明超,等.地质资料工作中的工匠精神[J].中国矿业,2019,27(2):36-42.

[10]陈建平,李靖,谢帅,等.中国地质大数据研究现状[J].地质学刊,2019,41(3):353-366.

[11]吴小平,王黔驹,姜天阳,等.基于"互联网+政务服务"的地质资料信息管理服务系统建设[J].地质通报,2020,39(10):1663-1668.

[12]李敏,傅洁,陈安蜀,等.面向知识服务的地质资料管理转型研究[J].地质与资源,2021,30(1):92-98.

[13]宋艳茹,周树英,薛白.5G时代地质资料及地质工作信息化的发展和应用[J].科技与创新,2021(6):179-180.

[14]陈玉琴.地勘地质档案资料信息化建设管理及策略探讨[J].山西青年,2021(13):79-80.

[15]于浩.新时期地质资料建设刍议[J].兰台内外,2021(17):73-75.

[16]熊杨.大数据时代地质资料信息化发展探讨[J].世界有色金属,2021(4):233-234.

[17]常娟.基于大数据的地质资料信息化发展探讨[J].中国金属通报,2018(8):264-265.

[18] 卜宇,王海,周春蕾,等.大数据的地质资料信息化发展探究[J].中国石油和化工标准与质量,2021,41(24):123-124.

[19] 齐钒宇,吴轩,高学正.我国地质资料服务进展、问题及对策研究:以全国地质资料馆为例[J].中国矿业,2019,27(4):53-56,112.

[20] 何春.地质档案目前管理中存在的问题及建议[J].办公室业务,2016(8):118.